Robert Oldach

Die Kolonie Deutsch-Südwestafrika und die deutsche Her

Robert Oldach

Die Kolonie Deutsch-Südwestafrika und die deutsche Herrschaftsausübung

GRIN Verlag

Bibliografische Information der Deutschen Nationalbibliothek: Die Deutsche Bibliothek
verzeichnet diese Publikation in der Deutschen Nationalbibliografie; detaillierte bibliografische Daten sind im Internet über http://dnb.d-nb.de/ abrufbar.

1. Auflage 2003
Copyright © 2003 GRIN Verlag GmbH
http://www.grin.com
Druck und Bindung: Books on Demand GmbH, Norderstedt Germany
ISBN 978-3-640-97964-6

Historisches Institut
Ernst-Moritz-Arndt Universität Greifswald
Sommersemester 2003

Proseminar: Die koloniale Expansion

DEUTSCH- SÜDWESTAFRIKA

Robert Oldach

Geschichtswissenschaften/
mittlere und neuere Geschichte/
antike Zivilisation

INHALTSVERZEICHNIS

VERZEICHNIS DER TEXTE UND TABELLEN

TEXTE

TABELLEN

1. VORREDE

"Des Reiches Streusandbüchse"- so bezeichnet Wolfgang Reith seinen Beitrag über Deutsch-Südwestafrika in Wolfgang Höpkers Buch über Afrika und die Deutschen. Er führt weiter aus: "Nicht nur wegen seiner Lebensnatur wich Südwestafrika von den anderen deutschen Schutzgebieten ab. Als Grundstein des ehemals kaiserlichen Kolonialreiches war es zugleich die einzige Siedlungskolonie und wurde so zur Heimat für viele tausend Deutsche- was sich bis in unsere Tage auswirkt."[1]

Mit wenigen Zeilen erweckt der Verfasser das Interesse an einem, so scheint es, kaum bekannten Kapitel deutscher Geschichte. Um so interessanter ist es, den deutschen Anteils an der kolonialen Expansion Europas zu untersuchen, sind den meisten Menschen in der Regel nur Großbritannien und Frankreich als ehemalige große Kolonialmächte bekannt. Ab und zu wird man in der Gegenwart noch an die deutsche Kolonialgeschichte erinnert: In der Schule zwar kaum behandelt, trifft doch so mancher Briefmarkensammler auf Postwertzeichen des Deutschen Kaiserreiches, das eine Germania oder ein unter Dampf stehendes Schiff ziert und die Aufschrift "TOGO" oder "Deutsch-Südwestafrika" trägt. Unwillkürlich stellt sich die Frage nach dem geschichtlichen Hintergrund. Wie hießen die deutschen Kolonien, wo lagen sie und was ist aus ihnen geworden? Gab es einen besonderen deutschen Weg des Kolonialismus, deutet die Forschung diesen Begriff im Allgemeinen als eine wirtschaftliche, militärische, politische oder ideologische Kolonialpolitik und diese wiederum als Gesamtheit der Politik imperialistischer Staaten zur Unterdrückung und Ausbeutung abhängiger Völker? Wie offenbarte sich diese Politik im Deutschen Kaiserreich? Welche Auswirkungen hatte die deutsche Kolonialpolitik insbesondere auf Deutsch-Südwestafrika und warum betitelte Wolfgang Reith gerade jene Kolonie auf solcherlei Weise? So kann abschließend behauptet werden, dass im kommenden Jahr 2004 der 120. Jahrestag der Gründung der Kolonie Deutsch-Südwestafrika von der Öffentlichkeit wohl kaum großes Echo finden wird und es ist zweifelhaft, dass dieser Jahrestag zu einer verstärkten Beschäftigung mit diesem Teil der jüngeren deutscher Geschichte führen wird.

Daher ist Geschichte dieser ehemaligen deutschen Kolonie als Thema für diese Hausarbeit gewählt worden. Dabei würde eine umfassende Darstellung der Ereignisse und deren Hintergründe den Rahmen einer Hausarbeit sprengen. Besonderes Augenmerk soll daher auf das Zusammenleben von Ureinwohnern und der Kolonialmacht liegen. Des weiteren werden

---

[1] Wolfgang Reith in: Hundert Jahre Afrika und die Deutschen, Wolfgang Höpker (Hrsg.),Pfullingen 1984, S. 35.

der Vorgeschichte sowie dem Wirken der Kolonialmacht breiter Raum zuteil. Kernthema ist aber der Hereroaufstand, seine Ursachen sowie sein Verlauf und die Auswirkungen auf die folgenden Jahre deutscher Präsenz in Deutsch-Südwestafrika. Es soll untersucht werden, ob auch für die militärischen Auseinandersetzungen zwischen 1904 und 1907 eine verfehlte Politik und ein Zeitgeist Ursachen waren, die in den Ureinwohnern nichts anderes als unzivilisierte heidnische Völkerschaft sah, denen noch die Wohltaten der Zivilisation obtruiert werden musste? Oder mit anderen Worten: Lag die Ursache für den Aufstand in der Unterdrückung der bevormundeten Völkerschaften gemäß der Definition von Kolonialismus? In dem abschließenden Resümee wird die Herrschaft der Deutschen in der Kolonie erörtert, die Verwirklichung ursprünglicher Kolonialismus-Thesen der Kolonialpropagandisten beleuchtet, sowie revisionistische Strömungen nach dem Verlust der Kolonien behandelt.

Eine umfangreiche Sammlung von Berichten, Bildern und Tabellen sollen das geschriebene untermauern und Geschichte greifbar machen. Dabei soll der interessierte Leser nicht nur über die historischen Vorgänge informiert werden, sondern auch Personen kennen lernen, die die Geschehnisse zwischen 1884 und 1914 entscheidend mitbestimmten. Ihren Einfluss auf die Vorgänge in Deutsch-Südwestafrika werden geschildert und ihre Beweggründe nach Vermögen erklärt oder zumindest erläutert.

Das greifbare Quellenmaterial zur Bearbeitung dieses Themas ist relativ gering. Die wichtigen Dokumente werden in einigen bundesdeutschen Archiven aufbewahrt, so in Koblenz, in Freiburg und in Potsdam. Von Vorteil ist aber, dass dem Betrachter eine umfangreiche Sekundärliteratur zur Verfügung steht. Besonders hervorzuheben sind die Veröffentlichungen von Udo Kaulich, der ein anschauliches Bild von den politischen und wirtschaftlichen Entwicklungen entwirft, sowie Walter Nuhn, dessen Buch "Sturm über Südwest" den Hereroaufstand bis ins kleinste Detail behandelt und Horst Gründer, der einen sehr guten Überblick über die Geschichte aller deutschen Kolonien vermittelt. Dabei ist von besonderem Interesse, dass die genannten Autoren Zugang zu den wichtigen Quellen hatten und davon regen Gebrauch machten. Dagegen ist der Umfang des Quellenmaterials für die Herero und anderen Völkerschaften mangels Schriftlichkeit denkbar schlecht. Da die Ureinwohner kaum schriftliche Quellen hinterlassen haben, kann kein allzu genaues Bild der Lebensumstände entworfen werden. Glücklicherweise liegen aber einige spätere Aufzeichnungen von afrikanischen Zeitzeugen sowie zeitgenössische Berichte Deutscher vor. Sowohl der Begriff "Schutzgebiet" als auch "Kolonie" werden in dieser Hausarbeit für Deutsch-Südwestafrika verwendet, da es sich bei dem erstgenannten Wort um die amtliche deutsche Bezeichnung für die erworbenen Gebiete handelte. Geläufiger ist aber der Ausdruck

6

"Kolonie" als Bezeichnung für eine außerterritoriale Erwerbung.[2] Deutsch-Südwestafrika lag auf dem Territorium des heutigen Namibias und erstreckte sich auf eine Fläche von etwa 835.000 qkm. Damit war diese Kolonie eineinhalb mal so groß wie das damalige Deutsche Reich. Es wies eine Vielzahl von Landschaftstypen und Ethnien auf. Von den steilen Felsklippen der Lüderitzbucht am Rande des Südatlantiks, über große Sandwüsten und hohe Gebirgszüge bis hin zu riesigen Steppen- und Weideflächen erstreckte sich das Land, in dem im Jahre 1894 geschätzte 244.000[3] Ureinwohner lebten.

---

[2] Abhängig von den Zielen der Kolonialmacht gab es Siedlungs-, Wirtschafts-, Militär-und Strafkolonien, wobei die deutschen Kolonien ansatzweise zu den beiden erstgenannten zu rechnen sind.
[3] Unsichere Schätzung Theodor Leutweins, aus: Walter Nuhn, Sturm über Südwest, 4. Auflage, Bonn 1997, S. 26.

2. DEUTSCH-SÜDWESTAFRIKA

2.1. Bismarck und die koloniale Idee im Deutschen Reich

Die Idee Kolonien zu erwerben, beginnt im deutschsprachigen Raum nicht erst nach der Gründung des Deutschen Kaiserreiches 1871. Ihre Wurzeln reichen tief zurück in die vorangegangenen Jahrhunderte. Aus Kolonialhandel Profite zu schlagen, war bereits Ziel der großen deutschen Handelshäuser der Fugger und Welser im 16. Jahrhundert.[4] Im Jahre 1657 rief Johann Joachim Becher zur Gründung deutscher Überseekolonien auf.[5] Dieser Aufruf fand vorerst kein Gehör, jedoch wurde er 1675 beauftragt, die niederländische Besitzung Neu-Amsterdam für Bayern zu erwerben. Dieser Versuch sowie seine Bemühungen zur Abtretung eines Teils Niederländisch-Guayana und zur Gründung einer deutschen Ost- und Westindischen Handelsgesellschaft verliefen allesamt ergebnislos. Haupthemmnisse aller vorherigen sowie späteren Versuche waren die besondere politische und territoriale Situation des Alten Reiches, die nachteilige geographische Lage und nicht zuletzt der enorme finanzielle Aufwand. An diesen Gründen scheiterten Jakob von Kurland und der Große Kurführst Friedrich Wilhelm von Brandenburg. Österreich besaß um 1776 kurzzeitig Niederlassungen in der Deloga-Bucht und auf den Nikobaren und 1719 an der südchinesischen Küste, die jedoch alle früher oder später wieder veräußert wurden.[6]

Nach dem Ende der Napoleonischen Kriege 1815 gab es in Deutschland eine Anzahl von Forderungen und Projekte aus ökonomischen, gesellschaftspolitischen aber auch nationalistischen Gründen. Joachim Christian Nettelbeck, 1806/07 neben Neidhard von Gneisenau treibende Kraft bei der Verteidigung Kolbergs gegen Napoleon, verfasste eine Denkschrift an König Friedrich Wilhelm III., in der er Vorschlug, eine der französischen Kolonien an der amerikanischen Ostküste für Preussen zu verlangen.[7] Ähnliche Projekte finden sich bei Helmut Graf von Moltke oder Karl Sieveking.[8] In der deutschen Politik fanden ihre Stimmen kaum Gehör. Für die Klein- und Mittelstaaten des Deutschen Bundes stand die zentraleuropäische Politik im Fordergrund.

Im Zuge des Deutsch-Französischen Krieges 1870-71 lehnte der preußische Ministerpräsident und spätere Reichskanzler Otto von Bismarck einen Erwerb Cochinchinas von Frankreich

---

[4] Udo Kaulich, Die Geschichte der ehemaligen Kolonie Deutsch-Südwestafrika, Frankfurt am Main 2001, S. 44.
[5] Ebd., S. 44.
[6] Ebd., S. 45.
[7] Ebd., S. 46.
[8] Ebd., S. 46

8

strikt ab. Im Rahmen der Reichseinigung stand für ihn zunächst die innenpolitische und außenpolitische Konsolidierung des neuen deutschen Kaiserreiches vor allem durch außenpolitische Schutzbündnisse im Fordergrund. Von Anbeginn war Bismarck klar, dass eine koloniale Expansion des von ihm geschaffenen Deutschen Kaiserreichs Konflikte mit den bereits etablierten Kolonialmächten heraufbeschwört und seine Bündnispolitik in Frage stellen würde.

Dennoch regte die nun errungene nationale Einheit einige Publizisten an, ihre kolonialen Vorstellungen zu veröffentlichen und damit eine Diskussion anzuheizen, vor der sich im Laufe der Jahre kein Politiker mehr verschließen konnte. Die Idee einer Expansion des Reiches nach Übersee fand vor allem im Bildungsbürgertum Gehör. Es waren beispielsweise Gustav Schmoller und Wilhelm Hübbe-Schleiden sowie Ernst von Weber, allesamt Nationalökonomen, die mit unterschiedlichsten Argumenten Kolonialpolitik propagierten.[9] Der wichtigste Beitrag kam von dem ehemaligen Missionsinspektor der Rheinischen Missionsgesellschaft, Friedrich Fabri, der 1879 mit seiner Broschüre "Bedarf Deutschland Colonien?" der kolonialen Idee großen Aufwind verschaffte.[10] Diese Schriften fanden Anklang, nicht nur bei Industriellen, sondern auch in der breiten deutschen Bevölkerung. Darauf hin wurden in der Folgezeit eine Anzahl Kolonialvereine gegründet, in denen sich kolonialfreundlich eingestellte Menschen organisierten. Als erstes wurde im Januar 1881 der "Westdeutsche Verein für Kolonialisation und Export" gegründet.[11] Gründungsmitglieder waren u.a. Friedrich Alfred Krupp und Henry Axel Brueck. Am 06.12.1882 wurde der "Deutsche Kolonialverein", getragen von nationalliberalen und freikonservativen Politikern, ins Leben gerufen.[12]

Vor einigen Argumenten, die die Verfechter ins Feld führten, konnte sich selbst Bismarck nicht verschließen. Da gab es beispielsweise die Theorie vom „Export" der „sozialen Frage", die meinte, Siedlungskolonien zu gründen, um ein Ventil für den raschen Bevölkerungsanstieg nach 1871 zu schaffen und gleichzeitig die Auswanderung Deutscher in reichseigene Kolonien umzulenken. Dies überschnitt sich in eigentümlicher Weise mit den Vorstellungen Bismarcks von der Bekämpfung der Sozialdemokratie. Zum anderen galt das Argument, dass das Deutsche Reich, aufblühend in Industrie, Handel, Kultur und Wissenschaft, Kolonien bedurfte, um seine Macht in der Zukunft behaupten zu können. Es

---

[9] Udo Kaulich, Die Geschichte der ehemaligen Kolonie Deutsch-Südwestafrika, Frankfurt am Main 2001, S. 47.
[10] Horst Gründer, Geschichte der deutschen Kolonien, 2. Auflage, Paderborn 1991, S.34.
[11] Ebd., S. 40.
[12] Ebd., S. 41.

darf nicht vernachlässigt werden, dass das junge Kaiserreich die erwiesener Maßen militärisch und wirtschaftlich stärkste Kontinentalmacht in Europa war. So war es im Denken der Befürworter unverzichtbar, Kolonialpolitik zu betreiben, auch zum Zwecke des Erwerbs außenpolitischen Prestiges. Somit spielte auch das gestiegene Nationalbewusstsein eine große Rolle. Dies alles ist daher auch im Spiegel der Zeit zu betrachten: Nationalismus ist ein Kennzeichen für diese Ära, nicht nur in Deutschland, sondern in ganz Europa und Nordamerika. Carl Peters (1856-1918), deutscher Kolonialpropagandist und spätere treibende Kraft bei dem Erwerb Deutsch-Ostafrikas schrieb dazu:

"Es bestand in den achtziger Jahren ganz entschieden ein Kontrast zwischen der politischen Machtstellung des Reiches und der persönlichen Stellung so vieler deutscher Individuen unter fremden Völkern. Der deutsche Name, trotz Goethe und Sedan, hat keineswegs einen stolzen Klang auf der Erde. Wenn ich mich in der Geschichte und in der Gegenwart umsah, fand ich durchweg, daß die große wirtschaftliche Welteroberung, also eine weitsichtige Kolonialpolitik, von jeher auch das beste Mittel für die Erziehung eines Volkstums gewesen war und ist. Wenn man ein egoistisches Moment in diesem Motiv für meine kolonialpolitische Tätigkeit suchen will, so mag man darin finden, daß ich es satt hatte, unter die Parias gerechnet zu werden, und daß ich einem Herrenvolk anzugehören wünschte. Ich legte keinen besonderen Wert darauf, für den Rest meines Lebens als Kompliment zu vernehmen: "You are exactly like an Englishman!"[13]

Deutlich ist darin seine Absicht zu erkennen, es den Engländern zumindest gleichzutun, wenn nicht gar sie zu übertrumpfen. Auch die Betonung des eigenen Volkstums und des Herrenmenschen impliziert einen rassisch untermauerten Chauvinismus. Peters ist sicher eine herausragende Figur unter den Verfechtern der Expansionspolitik, doch wäre es falsch, seine Ansichten als allgemeingültig für die damaligen Deutschen zu deuten.

Vor diesem Hintergrund ist ein Blick auf die Einstellung der Parteien im Reichstag äußerst aufschlussreich: Die Nationalliberale Partei war Verfechter einer Kolonialpolitik. Sie war Sammelbecken für das protestantisch geprägte Besitz- und Bildungsbürgertum. Viele ihrer Mitglieder waren in Kolonialgesellschaften engagiert. Sie gab wirtschaftlichen Interessen eindeutig den Vorrang vor politischen Erwägungen.[14]

Die Konservativen Parteien (Freikonservative, Deutsch-Konservative), in denen sich vor allem Großagrarier sowie breite Adelsschichten zusammentaten, waren in ihren Meinungen gespalten. Zwar sahen sie in möglichen Billigprodukten der Kolonien die Gefahr fallender Preise, doch hofften sie auch auf eine Belebung ihrer Wirtschaft durch Gütertransporte in

---

[13] Horst Gründer, Geschichte der deutschen Kolonien, 2.Auflage, Paderborn 1991, S. 31.
[14] Horst Gründer, Geschichte der deutschen Kolonien, 2.Auflage, Paderborn 1991, S. 65.

10

etwaige deutsche Kolonien.[15] Das Zentrum war Sprachrohr für das christlich- katholisch gesonnenen Bürgertum des Deutschen Reiches. Sie sahen in der Missionierung der Eingeborenen ihre Hauptaufgabe. Gegen aggressiven Kolonialismus hatten sie moralische und finanzielle Bedenken, jedoch sah das Zentrum in Kolonialpolitik eine aktives Mittel zur Bekämpfung des Sklavenhandels. In den Fällen, bei denen das Zentrum Kolonialpolitik unterstützte, tat es dies, nicht ohne kirchen- oder kulturpolitische Zugeständnisse im Reich zu verlangen.[16] Die Linksliberalen Parteien wie die DVP und die Freisinnige Volkspartei waren überwiegend gegen Kolonialerwerb und begründeten dies mit der wahrscheinlich wirtschaftlichen Ineffizienz. Um die Jahrhundertwende fand allerdings ein allmählicher Gesinnungswandel innerhalb der liberalen Parteien statt. Hauptursache dafür waren exportbedingte Gründe. Die Deutsche Volkspartei blieb aber am längsten Feind der Kolonialpolitik. [17] Die Sozialdemokratie sah in einer Kolonialpolitik die Stärkung und Verlängerung des Kapitalismus. Die SPD führte die Einstellung zunächst fort, doch fand auch hier ein gewisser Wandel statt. Die Bandbreite sozialdemokratischer Auffassungen reichte nach 1907 von weitgehender Ablehnung bis hin zu einerr grundsätzlichen Befürwortung.[18] Die Führungsgestalten der SPD, August Bebel[19] und Karl Liebknecht, äußerten sich aber auch in den kommenden Jahren höchst antikolonial.[20] Bismarck sagte noch im Jahr 1881: "Solange ich Reichskanzler bin, treiben wir keine Kolonialpolitik. Wir haben eine Flotte die nicht fahren kann... und dürfen keine verwundbaren Punkte in fernen Weltteilen haben, die den Franzosen als Beute zufallen, sobald es los geht."[21] Doch trotz seiner eurozentrischen Politik ließ er nur wenige Jahre später den Erwerb von Kolonien zu. Dennoch ist dem Zitat zu entnehmen, dass er Frankreich selbst nach dem Sieg 1871 als Deutschlands größten Gegner ansah, die eigene Seemacht richtig einschätzte und die logische Schlussfolgerung aus einem neuen Krieg mit Frankreich zog: Das Deutsche Reich ist Frankreich zu Lande ebenbürtig, aber zu See hoffnungslos unterlegen.

[15] Ebd., S.64.
[16] Ebd., S. 68.
[17] Horst Gründer, Geschichte der deutschen Kolonien, 2.Auflage, Paderborn 1991, S. 71.
[18] Ebd., S. 74.
[19] Bebel vor dem Reichstag am 26.01.1889: „Im Grunde genommen ist das Wesen aller Kolonialpolitik die Ausbeutung einer fremden Bevölkerung in höchster Potenz [...] und das treibende Motiv ist immer nur Gold, Gold und wieder nur Gold." aus: Jürgen Petschull;Thomas Höpker; Rolf Gillhausen, Der Wahn vom Weltreich, Hamburg 1984, S. 9.
[20] Vergl. Liebknecht 1907 in Drang nach Afrika, Helmut Stoecker (Hrsg.), 2. Auflage, Berlin 1991, S 178.
[21] Zitat aus: http:\\www.deutscher kolonialismus.de

Kolonialpolitik setzt seiner Ansicht aber eine straffe Flottenbaupolitik voraus. Solche war aber sehr kostspielig.

Die Gründe für sein Umschwenken sind vielgestaltig. Durch Kolonialpolitik wollte er die soziale Frage entschärfen, Auswanderungsströme in eigene Kolonien umlenken, das Bevölkerungswachstum ausgleichen und damit der Sozialdemokratie den Nährboden entziehen. Auch sah er eine breite Zustimmung für den Erwerb von Kolonien in Volk und Wirtschaft. Seit dem Jahre 1882 herrschte ein Konjunkturtief. Durch die Aneignung von überseeischen Kolonien sollte die stagnierende Wirtschaft belebt werden. Gleichzeitig waren für den 28.10.1884 Reichstagswahlen angesetzt. Dadurch, dass er den möglichen Erwerb von Kolonien in die Waagschale des Wahlkampf werfen würde, so erhoffte er sich, würden sich die konservativen und liberalen Kräfte bündeln und die Sozialdemokraten schwächen lassen. Des weiteren sah er die günstige außenpolitische Lage, denn zwischen Großbritannien und Frankreich herrschte Streit um den Einfluss in Ägypten. Großbritannien hatte zusätzlich dazu Meinungsverschiedenheiten mit Russland bei der Abgrenzung ihrer Interessenssphären in Afghanistan. So war er bestrebt, gelegentlich die Außenpolitik Großbritanniens zu unterstützen, um das britische Empire bei der Inbesitznahme deutscher Kolonien wohlgesonnen zu wissen. Auch sollte dazu der Erwerb nach britischen Muster erfolgen, nach dem Grundsatz "die Flagge folgt dem Handel".[22] Zusätzlich wollte er den Begriff "Kolonie" tunlichst vermeiden und statt dessen diese neuen Ländereien "Schutzgebiete" nennen. Aggressive Kolonialpolitik lehnte von Bismarck weiterhin ab.

Doch zu diesem Zeitpunkt solcher oder ähnlicher Überlegungen hatte bereits ein Bremer Tabakwarenhändler in Südwestafrika festen Fuß gefasst.

2.2 Der Griff nach Afrika

Anfang der 80iger Jahre des 19. Jahrhunderts besaßen die meisten europäischen Mächte Handelsniederlassungen sowie Kolonien in Afrika.[23] Großbritannien war unter anderem seit 1808 im Besitz von Sierra Leone, 1814 fiel die Kapkolonie an Großbritannien und vereinnahmte darauf hin weitere Gebiete im Verlaufe des 19. Jahrhunderts wie Gambia (1843), Lagos (1861), die Goldküste (1874) und Transvaal (1877-1881). Frankreich erwarb Algerien (1830/1848), Gabun (1839), die Elfenbeinküste (1842), Senegal (1854) und

---

[22] Helmut Stoecker (Hrsg.), Drang nach Afrika, Berlin 1991², S. 37.
[23] Gebiete und Jahresdaten aus: John Haywood, Historischer Weltatlas, München 2002, S.205.

Tunesien (1881). Portugal gründete 1879 die Kolonie Portugiesisch-Guinea. Zusätzlich waren die Portugiesen an der Küste Angolas sowie an einem breiten Küstenstreifen zwischen dem Sultanat von Sansibar und der Delagobucht vertreten. Spanienisch-Guinea war seit 1843 im Besitz Spaniens. Die nationale Presse rief immer häufiger zu kolonialem Denken und Handeln auf. Die Augsburger allgemeine Zeitung schrieb in ihrer Ausgabe vom 18.01.1882, dass „der Kampf ums Darsein [...] immer schwieriger" werde, "tiefgehende Verstimmungen und Unzufriedenheit bemächtige sich weiter Kreise der unteren Volksschichten, und nirgends gedeiht die Sozialdemokratie besser als auf solchen Boden".[24] Der Erweb von Kolonien sei ein "Sicherheitsventil für den Staat". Deutlich sichtbar wird, dass sich soziale Spannungen durch Kolonialpolitik entladen sollten. Die Kreuzzeitung schrieb in der Ausgabe vom 11.11.1882: "Aber Hand in Hand mit ihr muß die Ausdehnung unseres Wirtschaftsgebietes durch Besitzergreifung neuer Kulturgebiete gehen, [...] ohne welche wir Gefahr laufen zu versumpfen."[25] Hier wurden andererseits ökonomischen Gründe zum Zwecke des Erwerbs von Kolonien betont und Ende allen Wohlstandes beschworen, würden keine Kolonialpolitik betrieben werden.

Vor diesem Hintergrund fasste der Bremer Kaufmann Franz Adolf Lüderitz (1834-1886) im Sommer 1882 den Entschluss, Faktoreien an der südwestafrikanischen Küste zu gründen. Bis zu diesem Zeitpunkt war er im Besitz einer Faktorei an der Goldküste. Am 16.11.1882 wandte er sich schriftlich an das Auswärtige Amt, um den Schutz des Deutschen Reiches für seine angestrebten Erwerbungen zu erlangen, wiederholte dieses am 12.01.1883 nochmals persönlich beim Auswärtigen Amt.[26] Er zog die Möglichkeit in Betracht, dass er durch seine Vorhaben mit den dort ansässigen Stämmen sowie mit der starken englischen Konkurrenz in Konflikt geraten könnte. Zu seinem Bedauern wurden beide Anträge abgelehnt. Im Februar unterrichtet Herbert von Bismarck, Botschaftsrat in London, den Unterstaatssekretär im Foreign Office, Julian Pauncefote über die Absichten des Herrn Lüderitz. Der Sohn des Reichskanzlers beteuerte das deutsche Desinteresse an einer Koloniegründung und begrüßte eine mögliche englische Schutzgewährung für deutsche Händler.[27]

---

[24] Drang nach Afrika, Helmut Stoecker (Hrsg.), 2. Auflage, Berlin 1991, S. 21.
[25] Ebd., S. 22.
[26] Udo Kaulich, Die Geschichte der ehemaligen Kolonie Deutsch-Südwestafrika, Frankfurt am Main 2001, S. 48.
[27] Udo Kaulich, Die Geschichte der ehemaligen Kolonie Deutsch-Südwestafrika, Frankfurt am Main 2001, S. 49.

Währenddessen schickte Lüderitz seinen Agenten Heinrich Vogelsang nach Kapstadt. Vogelsang kam zu der Erkenntnis, dass die Bucht von Angra Pequena zu dem gegenwärtigen Zeitpunkt von keiner europäischen Macht beansprucht wurde. Jedoch wurde er auch in soweit über dieses Gebiet unterrichtet, dass die dort ansässigen Stämme sich seit etlichen Jahren gegenseitig bekriegten. Trotzdem segelte er im April 1883 nach Agra Pequena und schloß mit dem Häuptling des Orlam-Stammes von Betanien Joseph Fredericks am 01.05.1883 einen Kaufvertrag über die Bucht und alles Land im Umkreis von 5 Meilen.[28] Im Gegenzug erhielt Fredericks 100 englische Pfund und 200 Gewehre. Vier Monate später wurde ein weiterer Vertrag zum Preis von 500 englischen Pfund und 50 Gewehren abgeschlossen. Das erworbene Land erstreckte sich nun vom Oranjefluss bis zum 26. Breitengrad mit 20 Meilen Hinterland.[29] Hier traten bereits die ersten Probleme mit der fremden Kultur hervor: Nach deutscher Rechtsauffassung ging dieses Gebiet mit allen Rechten auf den Käufer über, dagegen betrachteten die Eingeborenen das Land als verliehen an und glaubten nur bestimmte Rechte abgetreten zu haben. Nach ihrer Rechtsauffassung war Land unveräußerlich. Dieser Umstand war vom deutschen Aufkäufer geschickt ausgenutzt worden.

Im August 1883 trat Adolf Lüderitz mit dem ersten Vertrag an das Auswärtige Amt heran und erbat erneut eine deutsche Schutzgewährung. Auch dieses Mal war die Antwort äußerst unbefriedigend. Der Direktor der Handelspolitischen Abteilung Victor von Bojanowski sicherte zwar den üblichen Schutz für Reichsangehörige zu, warnte Lüderitz aber gleichzeitig, dies als Schutzgewährung für das erworbene Land zu verstehen.[30]

Im September unterrichtete der deutsche Geschäftsträger in London, Ludwig von Plessen-Scheel, das Foreign Office über den konsularischen Schutz für Lüderitz, erbat aber gleichzeitig eine britische Stellungnahme hinsichtlich der Frage, ob Großbritannien über Angra Pequena die Souveränität ausübe.[31] Die Antwort verzögerte sich, weil der Premierminister der Kapkolonie, Thomas Scanlen, enormen Druck ausübte. Seiner Ansicht nach war Lüderitz ein Störenfried, denn er wollte keine andere Macht im Süden Afrikas dulden.

Aufgrund der Verzögerung wurde der deutsche Botschafter am 16.11.1883 erneut vorstellig und bat um Antwort. Fünf Tage später wurde die Antwortnote überreicht: "[...] althrough Her

---

[28] Walter Nuhn, Sturm über Südwest, 4. Auflage, Bonn 1997, S. 30.
[29] Horst Gründer, Geschichte der deutschen Kolonien, 2. Auflage, Paderborn 1991, S. 80.
[30] Udo Kaulich, Die Geschichte der ehemaligen Kolonie Deutsch-Südwestafrika, Frankfurt am Main 2001, S. 50.
[31] Ebd.

14

Majesty`s Government have not proclaimed the Queen`s sovereignty or jurisdiction at the latitude 18 and the frontier of the Cape Colony would infringe their legitimate rights [...]"[32] Über diese Note war man deutscherseits ziemlich überrascht und der Botschafter wurde am 31.12.1883 beauftragt nachzufragen, auf welchen Titel sich die o.g. Behauptung begründet und welche Einrichtungen dort bestünden, um die Sicherheit deutscher Staatsangehöriger zu gewährleisten. Hintergrund der britischen Antwort war, dass sowohl die Kapregierung unter Scanlan als auch das von Edward Henry Smith Stanley Derby geleitete Colonial Office seit Herbst 1883 bestrebt war, Südwestafrika für Großbritannien zu besetzen.[33] So blieb auch die Anfrage des deutschen Boschafters vom 19.01.1884 die folgenden Monate unbeantwortet. Eine Annexion durch Großbritannien scheiterte schließlich an der Kostenfrage und der Regierungskrise nach dem Ausscheiden Scanlans Anfang 1884.[34] Die Walfischbucht und einige vorgelagerte Inseln waren bereits seit geraumer Zeit im Besitz Großbritanniens.

Gleichzeitig besuchte im Januar 1884 das deutsche Kanonenboot Nautilus, Kommandant Kapitänleutnant Richard Aschenborn, die Bucht von Angra Pequena. Am 20.03.1884 sowie am 08.04.1884 erschien Lüderitz erneut in der Wilhelmsstraße bei dem Auswärtigen Amt mit dem Ziel der Schutzgewährung. Heinrich von Kusserow, Rat im Auswärtigen Amt, wandte sich am 18.04.1884 unter Beifügung der lüderitzschen Eingabe sowie des Berichts des Kptlt. Aschenborn in einer Denkschrift an Reichskanzler Bismarck, mit der Bitte, den vollen Schutz des Deutschen Reiches zu gewähren.[35] Bismarck, bisher eines solchen Risikos abgeneigt, gedachte er dadurch zu überreden, indem Lüderitz eine der englischen "Royal Charter" gleichenden Berechtigung erteilt werde.[36] Bismarck stimmte diesem Vorschlag schließlich zu, bat Tags darauf Adolf Lüderitz zu sich und sagte ihm den vollen Schutz des Deutschen Kaiserreiches für seine Unternehmungen zu. Nach einer förmlichen Eingabe durch Lüderitz und der Zustimmung durch Kaiser Wilhelms I, wurde am 24.04.1884 der deutsche Konsul Lippert in Kapstadt darüber informiert, dass die lüderitzschen Erwerbungen unter dem vollen Schutz des Deutschen Reiches stehen und dies auch amtlich verlauten zu lassen.[37] Auch der

---

[32] Udo Kaulich, Die Geschichte der ehemaligen Kolonie Deutsch-Südwestafrika, Frankfurt am Main 2001, S. 51.
[33] Ebd., S. 52.
[34] Ebd.
[35] Ebd., S. 53.
[36] Royal Charter: Schutzbrief, der nur die territoriale Integrität gegenüber Dritten garantiert. Alle weiteren Verpflichtungen, Risiken und Kosten fallen dabei zu Lasten der Kolonialgesellschaft.
[37] Udo Kaulich, Die Geschichte der ehemaligen Kolonie Deutsch-Südwestafrika, Frankfurt am Main 2001, S. 54.

15

deutsche Botschafter in London erhielt diese Anweisung. Zu dessen Unterstützung reiste Herbert von Bismarck, ältester Sohn des Reichskanzlers, nach London. Am 21.06.1884 wurde die deutsche Schutzherrschaft durch Großbritannien anerkannt.[38] Gleichzeitig forcierte das Kap-Parlament seine Anstrengungen den gesamten südwestafrikanischen Küstenstreifen bis zu den portugiesischen Besitzungen, Lüderitz Erwerbungen ausgenommen, zu annektieren. Diese zwiespältige Politik sorgte für erhebliche Verstimmungen und hatte zur Folge, dass das Deutsche Reich seine Anstrengung um Südwestafrika ebenso verstärkte. Bei diesem Wettlauf gewann aber das Deutsche Reich, und am 07.08.1884 wurde die Reichsflagge in der Bucht von Angra Pequena gehisst.[39] Die Reaktion aus London ließ nicht auf sich warten: Am 22.09.1884 übergab Charles S. Scott eine Note der britischen Regierung mit dem Inhalt, dass im Falle einer beabsichtigten Koloniegründung oder Protektoratsgründung, Deutschland als Nachbar im Süden begrüßt wurde.[40] Das Deutsche Reich hatte seine erste Kolonie gegründet und trat somit in den Reigen der Kolonialmächte.

2.3 Zwischen Flaggenhissung und Hereroaufstand (1884-1904)

Deutsche Missionare der Rheinischen Missionsgesellschaft waren bereits 42 Jahre vor der Gründung der Kolonie Deutsch-Südwestafrika in diesem Gebiet vertreten.[41] Neben der Missionierung standen die medizinische Versorgung sowie später die Schulbildung im Mittelpunkt ihres Wirkens. Aufgrund jahrzehntelanger Unruhen und Kämpfen zwischen den Nama und den Herero, trat Friedrich Fabri schon seit 1868 wiederholt mit Schutzgesuchen an die britischen sowie die preussisch-deutsche Regierung heran. Fabris Einstellung änderte sich von einer erbetenen Schutzgewährung zu der Hoffnung, hier für Deutschland eine Kolonie gründen zu können. Letztlich hatte aber Adolf Lüderitz mit seinem Vorhaben mehr Erfolg bei Bismarck gehabt.

Nach der Schutzgewährung durch das Deutsche Reich und dem Abschluss eines rechtswirksamen Schutzvertrages zwischen dem Deutschen Reich und Josef Fredericks am 28.10.1884[42] war es Lüderitz vornehmlichstes Ziel, das Land nach Bodenschätzen zu

[38] Ebd., S. 57.
[39] Udo Kaulich, Die Geschichte der ehemaligen Kolonie Deutsch-Südwestafrika, Frankfurt am Main 2001, S. 58.
[40] Ebd., S. 59.
[41] Drang nach Afrika, Helmut Stoecker (Hrsg.), 2. Auflage, Berlin 1991, S. 26.
[42] Siehe Anhang, Texte und Tabellen, Text 6.

16

erkunden und weitere Kaufverträge mit Eingeborenenstämmen abzuschließen. In Kaufverträgen erwarb er insgesamt ein Gebiet von etwa 580.000 qkm mit einer Bevölkerung von 200.000 Einwohnern.[43] Auf der gesamten Fläche der späteren Kolonie lebten schätzungsweise 244.000[44] Menschen. Neben den bevölkerungsreichsten Stämmen, den Ovambo, Hottentotten und Herero, die bereits feste Herrschaftsstrukturen entwickelt hatten, lebten die Bergdamara und die Buschmänner noch in verschiedensten Stadien der Urgesellschaft.[45]

Doch die von Lüderitz erhofften Gold- und Diamantenfunde blieben aus. Allerdings wurden durch die Kaufverträge und Geschäftskosten nicht nur sein Betriebsvermögen, sondern sogar sein Privatvermögen aufgezehrt. Vor dem Konkurs stehend, verkaufte er seine Gebiete für 300.000 RM bar und 200.000 RM in Anteilscheinen an die am 30.04.1885 gegründete Deutsche Kolonialgesellschaft für Südwestafrika.[46] In dieser Gesellschaft waren einige der wohlhabendsten Männer Deutschlands wie Hansemann, Bleichröder und Graf Henckel von Donnersmarck, als auch Großbanken wie die Deutsche und Dresdener Bank, Delbrück, Leo & Co. beteiligt. Doch Bismarcks Hoffnung, dass sich das Deutsche Reich nicht finanziell in dieser Kolonie betätigen müsste, war ein Wunschtraum. Da weiterhin keine Mineralien oder Erze gefunden wurden, die Risikobereitschaft der Gesellschaft zu wünschen übrig ließ, und sie keineswegs bereit war ihre Hoheitsrechte auszuüben, folgten Jahre der Kolonialmüdigkeit, die bis 1892 währte. Bismarck ließ seine Vorstellung einer freihändlerischen Expansion fallen. Dr. Henrich Göring[47] traf als Reichskommissar bereits im Mai 1885 ein.

Für die Eingeborenen brachten die ersten Jahre kaum Veränderungen. Die Witbooi-Nama, der größte und einflussreichste Stamm der Hottentotten, führten weiterhin Krieg gegen die Herero, welche mit den Deutschen einen Schutzvertrag gegen die Nama abgeschlossen hatten. Da Dr. Göring nicht in der Lage war, den Herero zu helfen und die Herero die großspurigen Beteuerungen des Herrn Görings von der deutschen Macht als Floskeln durchschauten, kündigten sie die Schutzherrschaft 1888 einfach auf.[48] Als Reaktion darauf wurde die erste Schutztruppe, als Forschungsexpedition getarnt, mit etwa zwei Dutzend Mann unter dem

---

[43] Horst Gründer, Geschichte der deutschen Kolonien, 2. Auflage, Paderborn 1991, S. 80.
[44] Nach Schätzungen Theodor Leutweins 1894 etwa 100.000 Ovambo, 80.000 Herero, 20.000 Hottentotten, 4.000 Baster, 40.000 Buschmänner und Bergdamara, Zahlen genannt in: Walter Nuhn, Sturm über Südwest, 4. Auflage, Bonn 1997, S. 26.
[45] Drang nach Afrika, Helmut Stoecker (Hrsg.), 2. Auflage, Berlin 1991, S. 37.
[46] Horst Gründer, Geschichte der deutschen Kolonien, 2. Auflage, Paderborn 1991, S. 81.
[47] Vater Hermann Görings, des späteren Fliegers, Reichsmarschalls und Hauptkriegsverbrechers.
[48] Drang nach Afrika, Helmut Stoecker (Hrsg.), 2. Auflage, Berlin 1991, S. 38.

Kommando Hauptmanns Curt von Francois entsandt. 1890 wurde die Truppenzahl auf 50 Mann aufgestockt. Trotz dieser geringen Zahl Schutztruppler machte die bloße Anwesenheit bewaffneter deutscher Streitkräfte großen Eindruck auf Nama und Herero. Der Schutzvertrag wurde von seiten der Herero erneuert.[49]

Aufgrund von Streitigkeiten über die Grenzziehung kam es am 01.07.1890 zu einem allgemeinen Kolonialausgleich zwischen Deutschland und Großbritannien. Dieses "Helgoland-Sansibar-Abkommen" beinhaltete unter anderem auch eine endgültige Festlegung der Interessensphären in Südafrika.[50]

In dieser Zeit begannen auch die ersten Verhandlungen zwischen Nama und Herero, indem der Namahäuptling Hendrik Witbooi seinem Kontrahenten, dem Häuptling der Herero Samuel Maharero, einen Brief schrieb. Er wies Maharero auf sein widernatürliches Bündnis mit den Deutschen hin. Die Herero hätten ihre Unabhängigkeit nur aus Haß gegen die Witboois aufgegeben.[51] Dies führte zu einer Annäherung zwischen beiden Völkern. Der seit fast hundert Jahren geführte Krieg wurde im November 1892 beendet. Daraufhin trafen für die Schutztruppe im April 1893 weitere Verstärkungen ein, so dass nun 250 deutsche Soldaten in Deutsch-Südwestafrika präsent waren.[52] Ihr Kommandeur von Francois begann nun, die noch widerspenstigen Stämme zu unterwerfen. Die erste Aktion, der Überfall auf das Nama-Lager am Hornkranz, hatte schlimme Folgen. Die Witbooi-Nama griffen zu den Waffen und in einer Art Freischärlerkampf wurde die Schutztruppe mehrere Male von den kriegerischen Namas an der Nase herumgeführt.[53] Curt von Francois forderte Verstärkungen an, erhielt neben einigen Soldaten auch einen neuen Vorgesetzten: Am 01.01.1894 landete Major Theodor Leutwein in Swakopmund. Im Gegensatz zu Francois, versuchte Leutwein sowohl militärisch aber auch auf diplomatischen Wege feindliche Stämme zu befrieden. Nach Unterwerfung der Khauas und Franzmenschen, wandte er sich mit der Schutztruppe den in den Noukloofbergen verschanzten Witbooi-Nama zu. Witbooi blieb nichts anderes übrig als

---

[49] Ebd.
[50] Die deutsche Kolonie erstreckte sich im Süden lang des Oranje-Flusses, beginnend mit der Mündung in den Südatlantik, bis zum Schnittpunkt mit dem 20 Grad östlicher Länge, verlief dem Längengrad folgend bis zum Schnittpunkt mit dem 22. Grad südlicher Breite, Richtung Osten bis zum Schnittpunkt mit dem 21. Grad östliche Länge, hier wieder nördlich verlaufend bis zum sog. Caprivi-Zipfel, der auf Intervention Richard Krauels von den Briten gewährt wurde, von dort westlich verlaufend entlang des Okawango, des 17. Grade südlicher Breite und des Kunene-Flusses bis zu seiner Mündung in den Südatlantik.
[51] Drang nach Afrika, Helmut Stoecker (Hrsg.), 2. Auflage, Berlin 1991, S. 40.
[52] Ebd., S. 39.
[53] So stahlen Witbooi-Nama des Nachts den berittenden deutschen Schutztrupplern die Pferd, aus: Drang nach Afrika, Helmut Stoecker (Hrsg.), 2. Auflage, Berlin 1991, S. 41.

zu kapitulieren, doch der darauf geschlossenen Schutz- und Freundschaftsvertrag zeigte bereits, dass mit Leutwein eine neue Politik in Deutsch-Südwestafrika eingezogen war. Es war alles andere als eine bedingungslose Kapitulation, allein aus dem Grund, schnellstmöglich für Ruhe und Ordnung zu sorgen. Er führte mit Witbooi einen ausführlichen Briefwechsel in dem es unter anderem heißt: "Daß Du Dich dem Deutschen Reiche nicht unterwerfen willst, ist keine Sünde und keine Schuld, aber es ist gefährlich für den Bestand des deutschen Schutzgebietes."[54] Leutweins Versuch "[...] in dem Verhalten gegen die Eingeborenen den richtigen Mittelweg zwischen Nachsicht und Strenge zu finden [...]"[55] trug bald Früchte. Witbooi unterstützte Leutwein im Januar 1895 erstmals bei einer Strafexpedition gegen die Khauas.

Die folgenden Jahre sind geprägt durch eine verstärkte Einwanderng deutscher Siedler. Lebten in Deutsch-Südwestafrika 1891 539 Weiße, so stieg diese Zahl auf 2.025 im Jahre 1896, davon waren etwa 1.500 Deutsche. Bis zum Jahre 1904 stieg die Anzahl deutscher Staatsbürger auf über 4.500.[56] Deutsch-Südwestafrika hatte im Gegensatz zu den anderen deutschen Kolonien den Vorteil eines trockenen, gesunden Klimas, welches fast frei war von Tropenkrankheiten.[57] Den ersten Eindruck von diesem Land das zur neue Heimat werden sollte schilderte der Schutztruppler Tyrnau sehr anschaulich.[58] Ähnlich dürften wohl auch die deutschen Einwanderer empfunden haben.

Haupterwerbsquelle der Siedler war die Rinderzucht. Das karge Land war nur unter stärksten Bewässerungsmaßnahmen landwirtschaftlich verwendbar, bot der Tierhaltung aber weite Weideflächen. Rinderhaltung war seit jeher Lebens- und Nahrungsgrundlage der Eingeborenen. Die große Krise kam 1897 mit dem Ausbruch der großen Rinderpest. Während die Deutschen verstärkte Schutzimpfungen in der Vergangenheit durchgeführt hatten, wurden etwaige Schutzimpfungen bei Eingeborenenherden grundweg von den Stämmen abgelehnt. Die Folgen für das Herrschaftsgefüge der Eingeborenenhierarchien, für das Leben der Eingeborenen an sich, waren katastrophal. War ein Eingeborener Herr über eine große Anzahl von Rindern war dies gleichbedeutend mit Einfluss, Macht und Ansehen. Das Vieh nahm sowohl im Leben der Eingeborenen als auch in ihrer Religion eine zentrale Stellung ein. Sie betrachteten es als Sinn ihres Daseins und die Erhaltung und die Vermehrung ihrer Herden

---

[54] Horst Gründer, Geschichte der deutschen Kolonien, 2. Auflage, Paderborn 1991, S. 114.
[55] Ebd., S. 114.
[56] Ebd., S. 116.
[57] Walter Nuhn, Sturm über Südwest, 4. Auflage, Bonn 1997, S. 33.
[58] Siehe Anhang Texte und Tabellen, Text 1.

19

war Ziel jedes Eigentümers.[59] Rinder lieferten als Lebensgrundlage für die Eingeborenen Milch ("Omeihi") und Sauermilch ("Omeire"). Selten wurden Rinder geschlachtet, um das Fleisch zu verzehren. Die Eingeborenen nutzten Ochsen als Zugtiere während die Kühe zu solcher Tätigkeit kaum herangezogen wurden.

Vor diesem Hintergrund musste die Wegnahme von Vieh durch weiße Händler zusätzlichen Sprengstoff für das Zusammenleben von Siedler und Eingeborenen in sich bergen. Den im deutschen Schutzgebiet lebenden Naturvölkern waren die Praktiken europäischer Händler fremd und diese nutzten die Unwissenheit der Eingeborenen aus. Umfangreiche Kredite wurden von seiten der Händler an die Eingeborenen vergeben damit diese die für sie wertvollen Gegenstände und Spirituosen erwerben konnten. Konnte nun ein farbiger Kreditnehmer seine Rechnungen nicht begleichen, was im Übrigen häufig vorkam, wurde rücksichtslos Vieh oder Land gepfändet. Dies musste zwangsläufig die Eingeborenen gegen die Deutschen aufbringen.

Der Gouverneur des Schutzgebietes Leutwein sah die Gefahr aus den Machenschaften der Händler kommen. Um die bestehenden Spannungen zu mildern und ein friedliches Zusammenleben zwischen Schwarz und Weiß zu gewährleisten, sah sich Leutwein gezwungen, die hohe Verschuldung der Eingeborenen abzubauen und zukünftig Regelungen zu schaffen, die den Eingeborenen einen gewissen Schutz boten. Ein Sachverständigen-Gremium wurde einberufen und trotz Intervention Leutweins war die am 23.07.1903 erlassene Reichskreditverordnung ein schlechter Kompromiss und entsprach keinesfalls Leutweins Absicht.[60] Bisher gewährte Kredite an Eingeborene sollten binnen Jahresfrist für ungültig erklärt werden. Leutwein schwebte dagegen ein allgemeines Verbot der Kreditgewährung an Eingeborene vor und statt dessen sollte nach seiner Vorstellung Kredite durch das Prinzip der Barzahlung ersetzt werden. Folge der Reichskreditverordnung war nun aber, dass die Händler, durch die Fristsetzung verunsichert, noch rücksichtsloser die Schulden von den Eingeborenen eintrieben, was im Klartext bedeutete, dass Vieh und Land in bisher ungeahntem Ausmaß gepfändet wurde.

Ein zweites Problem sah Leutwein darin, dass die Eingeborenen mehr und mehr Land verloren. Anstoß hierzu gaben die Missionsgesellschaften 1901, die den Gouverneur darauf Aufmerksam machten, dass immer mehr Hereroland in weiße Hände überging.[61] Dies ist im

---

[59] Walter Nuhn, Sturm über Südwest, 4. Auflage, Bonn 1997, S. 28.
[60] Ebd., S. 40.
[61] Walter Nuhn, Sturm über Südwest, 4. Auflage, Bonn 1997, S. 41.

Kontext mit den steigenden Einwanderungszahlen um die Jahrhundertwende zu sehen. Weideland gab es jedoch in Südwestafrika nicht unbegrenzt und Rinderzucht blieb einziger Wirtschaftszweig der Kolonie bis ins erste Jahrzehnt des 20. Jahrhunderts. Nun sollte nach Ansicht Leutweins den Eingeborenen genügend Land zugewiesen werden, welches unverletzlich und unveräußerlich war, was zusätzlichen Schutz vor den Händlerumtrieben bot. Auch hier schaltete sich die Reichsregierung ein und im November 1902 wurde das erste Reservat bei Otjimbingwe beschlossen. Weitere Reservate kamen hinzu und am 30.09.1903 wurden die Grenzen der neuen Reservate öffentlich bekanntgegeben.[62] Das Echo hierdrauf war unerwartet: Zwar sahen einige Schwarze den Nutzen, jedoch die ihnen zugewiesenen Gebiete waren in Bezug auf Qualität und Quantität unzureichend. Ein großer Teil der Reservate erstreckte sich auf die Omaheke, das sogenannte Sandfeld, eine Sandwüste, die kaum große Weidekapazitäten hatte. In den Augen der Herero würden sie durch die Umsiedlung in die Reservate ihr übriges Land verlieren und gegen eine wertlose Sandwüste eintauschen.[63] Der Zorn schlug in Hass um.[64]

Zusätzlich zur Reichskreditverordnung und Reservatsfrage besaßen die Schwarzen vor dem Gesetz kaum Rechte.[65] Verbrechen gegen Eigentum, Gesundheit und Leben der Schwarzen wurden selten und wenn, dann unangemessen mild verurteilt. Hinzu kam, dass die Gerichte grundweg die Glaubwürdigkeit afrikanischer Zeugen bezweifelten. Somit hatten die Eingeborenen keine übergeordnete und unparteiliche Instanz, an die sie sich wenden konnten, wenn sie glaubten, auf irgend einer Weise ungerecht behandelt worden zu sein.

Ein christlich getaufter Herero schilderte nach Beendigung der Kämpfe einem Deutschen seine Ansicht der Ursachen des Aufstandes.[66] Seine Aussagen sind ein interessantes Zeugnis für die Erfahrungen der Eingeborenen mit den Deutschen.

Die Herero, ihrer ureigensten Werte beraubt, in die Enge gedrückt und rechtlos, sahen nur noch den gewaltsamen Ausweg aus ihren Leiden. Es bedurfte nur noch eines Anlasses, der das Fass zum Überlaufen brachte.

Dieser Funke entzündete sich im Oktober 1903 weitab im Süden des Schutzgebietes in den Bergen des Karrasgebirges bei Warmbad.[67] Der Kapitän der Bondelzwart, Jan Abraham

---

[62] Ebd.
[63] Ebd., S. 42.
[64] Horst Gründer, Geschichte der deutschen Kolonien, 2. Auflage, Paderborn 1991, S. 119.
[65] Drang nach Afrika, Helmut Stoecker (Hrsg.), 2. Auflage, Berlin 1991, S. 49.
[66] Siehe Anhang, Texte und Tabellen, Text 7.
[67] Walter Nuhn, Sturm über Südwest, 4. Auflage, Bonn 1997, S. 46.

Christian, hatte einem seiner Untertanen einen Hammel gestohlen. Der Geschädigte forderte Genugtuung und wandte sich an den deutschen Distriktchef Leutnant Jobst. Jobst lud den Kapitän Christian mehrmals vor, doch dieser berief sich auf den mit den Deutschen abgeschlossenen Schutzvertrag und bezeichnete den Vorfall als eine stammesinterne Angelegenheit. Eine deutsche Einmischung verbot er sich. In dieser Situation ergriff Jobst eigenmächtig die Initiative und schritt mit einigen Polizeisoldaten zur Verhaftung des Kapitäns. Der Kapitän Christian und die Bondelzwarts leisteten Widerstand. Christian, sowie zwei der Polizeisoldaten und Leutnant Jobst wurden getötet und 300 Krieger der Bondelzwarts erhoben sich gegen die Deutschen.

Theodor Leutwein und ein Großteil der Schutztruppe eilten nach Süden und schwächten die Garnisionen im Hereroland. Um diesen Zeitpunkt belief sich die Stärke der deutschen Schutztruppe auf 767 Mann[68], eingeteilt in 4 Feldkompanien und 1 Feldbatterie, verteilt auf mehrere Stützpunkte.

Dies war der ideale Zeitpunkt für die Herero zur Befreiung von den Deutschen.

2.4 Der Hereroaufstand

Während die Schutztruppe im Süden mit der Niederschlagung des Bondelzwart-Aufstandes beschäftigt war, mehrten sich im Hereroland die drohenden Anzeichen einer beginnenden Erhebung. Bereits seit einiger Zeit wurden vermehrte Waffenkäufe durch die Herero gemeldet. Der Geograph Seiner bereiste 1903 das Hereroland und bemerkte hierzu: "Als wir an Kambazembis Dorf vorbeikamen, sahen wir längs des Dornenzaunes zwanzig Ovambos kauern, welche für Kambazembi Waren gebracht hatten. Wie mir mitgeteilt wurde, betrieben die Ovambos einen schwunghaften Zwischenhandel mit Pulver, das sie von portugiesischen Händlern kauften und an die Herero weiter verhandelten."[69] Sollte es zu Auseinandersetzungen zwischen Herero und Deutschen kommen, würden die Geschosse der Deutschen durch Geschosse der Aufständischen beantwortet werden.

Der Siedler Alex Niet meldete am 10.01.1904 dem Distriktchef von Okahandia, Oberleutnant Zürn, dass die Herero an einem bestimmten Tag einen Aufstand planen und 2000 Herero mit 300 Gewehren aus dem Norden im Anmarsch auf Okahandia seien. Aufgrund dieser und

---

[68] 28 Offiziere, 7 Ärzte, 8 Zahlmeister, je 1 Rossarzt, Feuerwerker und Büchsenmacher, 153 Unteroffiziere, 568 Gefreite und Gemeine, aus: Hein, Das kleine Buch vom Deutschen Heere, Reprint von 1901, Augsburg 1998, S. 131.
[69] Walter Nuhn, Sturm über Südwest, 4. Auflage, Bonn 1997, S. 46.

weiterer Meldungen wurden auf Initiative der Rheinischen Missionsgesellschaft, insbesondere durch den Missionar Diehl, am 11.01.1904 Verhandlungen mit den Hereros aufgenommen. Laut Aussage der Herero handelte es sich bei diesem Auflauf großer Hereromassen um die bevorstehende Häuptlingswahl im Zusammenhang mit dem Tod des Häuptlings Kambazembis. Am folgenden Tag sollten die Verhandlungen fortgesetzt werden. Unterdessen traf eine weitere alamierende Nachricht durch den Händler Leinhos am Abend ein. Er hatte von einer Hererofrau erfahren, dass die Bewegungen den Weißen gelten und dass "der Schlag bald ausgeführt werden sollte".[70] Aus Gründen der Vorsicht wurden die im Umfeld Okahandias lebenden Deutschen bis in die Nachtstunden in die Festung gebracht. Das diese Vorsichtsmaßnahme nicht sinnlos war, stellte sich am folgenden Tag heraus. Die Unterhändler Duft und Dr. Maass begaben sich gemäß der Absprache zur Hererowerft. Auf dem Weg dorthin warnte sie der christliche Kirchenälteste der Herero Johannes mit dem Satz "Omuhona mana, arikana twinde!"[71] und beide kehrten um und eilten zur Festung Okahandia. Einige Minuten darauf fielen der Siedler Dickmann und seine Frau den Herero als erste zum Opfer.[72]

Oberleutnant Zürn hatte bereits in der Nacht die Poststation von Windhuk telefonisch erreicht und meldete die Ansammlung vieler bewaffneter Herero in und um Okahandia und den Anmarsch weiterer Hereromassen. Um 08.05 Uhr wurde sein Anruf durch ein Telegramm ergänzt. An den Absichten der Herero konnte nun kein Zweifel mehr bestehen.

Was die Deutschen nicht wussten war, dass der Oberhäuptling Samuel Maharero am 11.01. in der Werft Okahandia eingetroffen war. Sein Vetter Assa Riarua hatte ihn vor die Wahl gestellt abzudanken, oder Anführer des Aufstandes zu werden. Maharero entschied sich zum Aufstand und verkündete in der Werft Osona seinen Aufstandsbefehl: "Ich kämpfe, tötet alle Deutschen!" sowie einen Erlass: "An alle Großleute meines Landes. Ich bin Samuel Maharero, Oberhäuptling der Herero. Ich habe einen Befehl für alle meine Leute angefertigt, daß sie nicht weiter ihre Hände legen an folgende: Engländer, Bastards, Bergdamara, Nama Buren. Alle diese rühren wir nicht an. Tut dies nicht! Ich habe einen Eid geschworen, daß dieser Beschluß nicht bekannt werden darf, auch nicht den Missionaren!".[73] Die Absicht sich keine weiteren Feinde zu schaffen, ist deutlich diesem Erlass zu entnehmen. Interessant dabei

---

[70] Ebd., S. 56.
[71] "Mein lieber Herr, machen Sie, daß Sie hier fortkommen!" aus: Walter Nuhn, Sturm über Südwest, 4. Auflage, Bonn 1997, S. 57.
[72] Ebd.
[73] Walter Nuhn, Sturm über Südwest, 4. Auflage, Bonn 1997, S. 58.

23

ist die Sonderstellung der Missionare, zu denen die Herero trotz allem ein freundschaftliches Verhältnis behielten, ihnen allerdings nicht so weit trauten, um sie in Kenntnis ihrer Pläne zu setzen. Die Festung Okahandia hielt den Aufständischen stand, während sich die Erhebung auf das gesamte Hererogebiet ausweitete. Während alle weiteren Siedlungen vorbereitet waren, wurden die Siedler und Beamten der Ansiedlung Waterberg vollkommen überrumpelt.[74] Im Umkreis der Polizeistation Waterberg wurden allein 12 Deutsche durch die Kirris[75] der Herero getötet. Selbst die größte Stadt Windhuk wurde bedroht. Am 14.01.1904 wurde dem Platzkommandanten Hugo von Francois[76] durch den Buren Steenkamp die Nachricht überbracht, dass etwa 1500 Herero in Anmarsch seien.[77] Die weiße Bevölkerung aus der Umgebung Windhuks wurde in die Stadt gebracht. Von Francois beschloss es nicht bis zum äußersten kommen zu lassen, sammelte etwa 60 Schutztruppler und eine Feldkanone und machte einen Ausfall direkt in den Aufmarsch der Herero. Die Herero zogen sich aufgrund dieser Machtdemonstration zurück und ließen sich, im Glauben an die Stärke der Garnision, im Umkreis von 20 Km um Windhuk nicht mehr sehen. Am 19.01.1904 wurde Windhuk von der 2. Feldkompanie des Hauptmanns Franke endgültig entsetzt.

Abgesehen von diesem Rückschlag zogen die Herero durch das Land, plünderten Farmen, beschädigten Fernmeldeeinrichtungen und Eisenbahnstationen und raubten Warenlager aus. Doch bei aller Überraschung machten die Herero den Fehler, keine Schwerpunkte zu bilden. So blieben unter anderem die Stützpunkte Okahandia, Namutoni und Omaruru in deutscher Hand, während die Herero das Umland beherrschten. Windhuk blieb ebenfalls deutsch und diente später als Ausgangspunkt deutscher Gegenoperationen, wobei es sich rächte, dass die Herero die Bahnlinie Windhuk-Swakopmund fast unbeschädigt ließen. Ihre Aktionen glichen eher Raubzügen. Die Beschädigungen an den Fernmeldeeinrichtungen waren nicht nachhaltig, so dass fast ständig Funkverbindung zwischen Windhuk und den belagerten Festungen bestand. Der wichtigste Faktor für die spätere Niederlage der Herero war aber, dass es Maharero nicht gelang, Verbündete zu finden. Die Witbooi-Nama unter Hendrik Witbooi, Mahareros alter Widersacher, unterstützte anfangs die Deutschen mit Kriegern. Bündnisangebote an Hermanus van Wyck von den Bastards und Cornelius von den

---

[74] Siehe den Bericht der Frau Sonnenberg im Anhang, Texte und Tabellen, Text 2.
[75] Kurzer Speer- die Hauptwaffe der Herero.
[76] Jüngerer Bruder von Curt von Francois, zwischen 1894 und 1895 Kommandant der Schutztruppe.
[77] Walter Nuhn, Sturm über Südwest, 4. Auflage, Bonn 1997, S. 71.

24

Bergdamara wurden durch diese ausgeschlagen.[78] Auch die meisten Ovambohäuptlinge gingen kein Waffenbündnis ein. Eine landesweite Erhebung hätte durchaus zum Erfolg führen können und die Herrschaft des Deutschen Kaiserreiches in Frage gestellt, denn allein der Hereroaufstand, so wie er dann verlief, brachte die Deutschen bereits in arge Bedrängnis. Theodor Leutwein unterschätzt anfangs die Meldungen aus dem Hereroland. Es gab wie sonst keinen erkennbaren Anlass und sein Verhältnis zu Samuel Maharero war bisher immer freundschaftlich. Durch seinen bisherigen Kontakt zu Maharero ermutigt, versuchte er ihn zum Einlenken zu bewegen. Doch am Ende der dritten Januarwoche konnte selbst er sich nicht mehr vor der Tatsache verschließen, dass es sich bei den ausgebrochenen Unruhen um einen ausgewachsenen Aufstand handelte. Seine Bemühungen um eine friedliche Lösung des Konfliktes durch Briefkontakt mit Maharero fruchtete nicht. Zusätzlich erreichte ihn am 20.01. ein Telegramm aus Berlin das ihn zurechtwies und aufforderte "von allen zweiseitigen Verhandlungen mit den Hereros abzusehen und bedingungslose Unterwerfung zu verlangen".[79] Anfang Februar trafen die ersten Truppenverstärkungen in Höhe von 950 Soldaten ein. Die Leitung der Operationen gegen die Herero wurden auf den Chef des Generalstabes Alfred von Schlieffen übertragen. In der Folge zeigte es sich, dass die militärstrategischen Überlegungen bald die zivilen Aspekte verdrängten.[80] Als es Leutwein im weiteren Verlauf nicht gelang, den Aufstand niederzuschlagen, wuchs die ganze Angelegenheit zu einer Prestigefrage für das Deutsche Kaiserreich. Die Gefechte bei Otjihanamaparero, Owikokorero, Okaharui, Ongandjira, Oviumbo verliefen enttäuschend. Einziger Lichtblick war der Siegeszug des Hauptmann Francke mit der 2. Kompanie der, nachdem er Windhuk erreicht hatte, weiter nach Okahandia und Omaruru zog und beide Festungen entsetzte. Vom Auswärtigen Amt gegängelt, vom Generalstab bevormundet, bar jeglichen Spielraums sah Leutwein nur noch den Weg eines Ablösungsgesuches, das er am 25.04.1904 per Telegramm an den Generalstab übersandte. Er bat um seine Ablösung als Kommandeur durch einen "höheren Offizier, welcher volles Vertrauen des Generalstabes besitzt".[81] Am 04.05.1904 wurde Leutwein davon in Kenntnis gesetzt, dass der Kaiser dem General Lothar von Trotha die weiteren militärischen Operationen überträgt. In dem Zeitraum

---

[78] Walter Nuhn, Sturm über Südwest, 4. Auflage, Bonn 1997, S. 58.
[79] Udo Kaulich, Die Geschichte der ehemaligen Kolonie Deutsch-Südwestafrika, Frankfurt am Main 2001, S. 250.
[80] Ebd.
[81] Udo Kaulich, Die Geschichte der ehemaligen Kolonie Deutsch-Südwestafrika, Frankfurt am Main 2001, S. 250.

zwischen der Information und der Ankunft des neuen Kommandeurs, versuchte Leutwein verzweifelt doch noch eine friedliche Lösung zu erzwingen und verfasste am 30.05.1904 eine Proklamation an das Volk der Herero.[82] Von dieser Eigenmächtigkeit empört, erhielt er umgehend durch Berlin die Weisung, selbstständige Operationen einzustellen. General von Trotha zitierte Leutwein sofort nach seiner Ankunft am 11.06.1904 zu sich. Als Resultat des Gesprächs offenbarte sich, dass Leutwein, obwohl weiterhin Gouverneur, bei den künftigen Operationen nicht mehr mitwirken sollte und sich alle Amtsgeschäfte des Gouverneurs den militärischen Gesichtspunkten unterzuordnen hatten. Dies hatte Leutwein von Anbeginn befürchtet.

Bis Juli erreichten weitere Verstärkungen Südwestafrika. Von Trothas Absicht war es, die Hauptkräfte der Herero, die sich beim Waterberg konzentrierten, umfassend anzugreifen, einzukesseln und zu vernichten. Vom 11.-12.08.1904 tobte in dem Gebiet des Waterbergmassivs die Entscheidungsschlacht. Hier standen sich 5000-6000 Hererokrieger einer Streitmacht von etwa 4000 deutschen Soldaten gegenüber, die zusätzlich dazu mit 12 Maschinengewehren und 30 Geschützen ausgerüstet waren.[83] Beide Seiten kämpften erbittert. Letztendlich konnte von Trotha sein eigentliches Ziel nicht erreichen. Ein großer Teil der Herero gelang der Ausbruch in die Omaheke. Diesem Umstand entsprechend, wurden die Fliehenden erbarmungslos verfolgt. In der veröffentlichten Ausgabe des Großen Generalstabes wurde diese Kampfhandlungen in kurzen, prosaischen Worten beschrieben:

"Diese kühne Unternehmung zeigt die rücksichtslose Energie der deutschen Führung bei der Verfolgung des geschlagenen Feindes in glänzendem Lichte. Keine Mühen, keine Entbehrungen wurden gescheut, um dem Feinde den letzten Rest seiner Widerstandskraft zu rauben; wie ein halb zu Tode gehetztes Wild war er von Wasserstelle zu Wasserstelle gescheucht, bis er schließlich willenlos ein Opfer der Natur seines eigenen Landes wurde. Die wasserlose Omaheke sollte vollenden, was die deutschen Waffen begonnen hatten: Die Vernichtung des Hererovolkes".[84]

Die Omaheke-Wüste wurde durch eine Postenkette abgeriegelt und jedes Ausweichen der Herero verhindert. In diesem Kontext ist die Proklamation des Generals von Trotha zu sehen. Diese Proklamation vom 02.10.1904 wurde später als Vernichtungsbefehl bekannt.[85] Zwar milderte von Trotha den Befehl insoweit ab, dass nicht mehr direkt auf Frauen und Kinder

---

[82] Siehe Anhang, Texte und Tabellen, Text 3.
[83] Udo Kaulich, Die Geschichte der ehemaligen Kolonie Deutsch-Südwestafrika, Frankfurt am Main 2001, S.253.
[84] Aus dem Generalstabswerk über die Kämpfe in Deutsch-Südwestafrika, zitiert bei: Horst Gründer, Geschichte der deutschen Kolonien, 2. Auflage, Paderborn 1991, S. 120.
[85] Siehe Anhang, Texte und Tabellen, Text 4.

geschossen werden sollte, jedoch spielten sich in der Folge schreckliche Szenen am Rande der Omaheke ab. Viele Zeitgenossen waren entsetzt als sie diesen Befehl lasen. "Als ich den Brief gelesen hatte, war ich eine Weile star vor Entsetzen."[86] So beschrieb Dr. Förster, ein bekannter Verleger, seine Empfindung als der Befehl veröffentlicht wurde. Im Reichstag protestierte der linke Parteienflügel, und August Bebel verglich von Trotha mit einem Metzgerknecht.[87] Auch einige der Offiziere der Schutztruppe rieten dem General von Trotha von seinem Vorgehen ab, so der Major von Estorff, der später schrieb: "Es war eine ebenso grausame wie törichte Politik, das Volk so zu zertrümmern, man hätte noch viel von ihm und ihrem Herdenreichtum retten können, wenn man sie jetzt schonte und wieder aufnahm, bestraft waren sie genug. Ich schlug dies dem General von Trotha vor, der aber wollte ihre gänzliche Vernichtung."[88]

Unterdessen versuchte der kaltgestellte Leutwein zusammen mit der Rheinischen Missionsgesellschaft, Frieden zu stiften. Ihnen war klar, dass jegliches Friedensangebot von Seiten von Trothas unglaubwürdig in den Ohren der Herero klingen musste, besonders nach der Proklamation vom 02.10.1904. Alle Versuche scheiterten aber und tief enttäuscht verließ Leutwein am 01.12.1904 Deutsch-Südwestafrika.[89]

Auf Initiative des Generals von Schlieffen bei dem deutschen Reichskanzler von Bülow, erreichte dieser die Rücknahme der Proklamation bei Kaiser Wilhelm II. Durch mehrere Telegramme vom 08.12.1904 wurde von Trotha angwiesen, die Proklamation zurückzuziehen.[90] Er erhielt auch die Anweisung mit Hilfe der Rheinischen Mission, die Aufständischen zur Aufgabe zu bewegen. Die von der Mission geforderten Reservate sollten aber in Anlehnung an die britische Vorgehensweise mit den Buren im Burenkrieg 1899-1902 durch "Konzentrationslager für die einstweilige Unterbringung der Reste des Hererovolkes" ersetzt werden.[91] Von Trotha war in der Umsetzung dieser Befehle zögerlich, entsprach dies doch absolut nicht seinen Vorstellungen zum Umgang mit den Schwarzen. Die von ihm angeordnete Kettenhaft für gefangene Herero wurde umgehend durch Reichskanzler von Bülow am 21.01.1905 rückgängig gemacht.[92] Bis Mai 1905 wurden 8.040 gefangene Herero,

---

[86] Walter Nuhn, Sturm über Südwest, 4. Auflage, Bonn 1997, S. 300.
[87] Ebd.
[88] Ebd., S. 286.
[89] Ebd., S. 301.
[90] Udo Kaulich, Die Geschichte der ehemaligen Kolonie Deutsch-Südwestafrika, Frankfurt am Main 2001, S. 255.
[91] Ebd.
[92] Ebd.

davon gut 75% Frauen und Kinder, in diese Lager gebracht. Durch Krankheiten und die vergangenen Monate psychisch und physisch am Ende ihrer Kräfte, starben dort etwa 21% der Frauen und Männer und sogar 38% der Kinder.[93] Als durch den Aufruf[94] des neuen Gouverneurs von Lindequist am 01.12.1905 alle kriegerischen Handlungen eingestellt wurden, lebten von den vormals 60-80.000 Herero nur noch 15.130 in Lagern oder Werften.[95] Samuel Maharero floh mit etwa 1000 Herero in das angrenzende Betschuanaland.

Während es abzusehen war, dass der Hereroaufstand bald blutig niedergeschlagen werden würde, erhoben sich die Nama unter der Führung Hendrik Witboois. Das von ihnen gestellte Orlam-Kontingent zur Unterstützung der Deutschen wurde bereits nach der Schlacht am Waterberg abgezogen und obwohl Witooi als Symbolfigur der Nama galt, gelang es ihm nicht, eine große Anzahl von Verbündeten zu gewinnen.[96] Unter seinem Befehl erhoben sich 1.260-1.410 Krieger, die in der Folgezeit, aufgrund ihrer geringen Zahl, eine Art Kleinkrieg gegen die Deutschen führten.[97] Bezeichnender Weise erlag Hendrik Witooi am 29.10.1905 einer Wunde, die er sich bei einem Überfall auf eine deutsche Transportkolonne zugezogen hatte. Obwohl die Truppenstärke der Deutschen im Mai 1906 14.500 Mann betrug, konnte von Trotha diese Aufgabe mit seinen Mitteln nicht meistern und kehrte Ende November nach Deutschland zurück.[98] Der Kleinkrieg zog sich noch bis 1907 hin, jedoch schwächten sich die Kämpfe nach dem Tod Witooois ab. Am 31.03.1907 entschloss sich die Reichsleitung, den Kriegszustand über Deutsch-Südwestafrika aufzuheben.[99]

In diesen 3 Jahren Krieg in Deutsch-Südwestafrika sind auf deutscher Seite 676 Soldaten gefallen, 689 an Krankheiten gestorben, 76 Soldaten blieben vermißt und 907 wurden im Verlaufe der Kampfhandlungen verwundet.[100] Die Niederwerfung des Aufstandes kostete 585 Millionen Reichsmark an Kolonialanleihen.[101] Es war der Scheidepunkt in der deutschen Kolonialpolitik.

---

[93] Udo Kaulich, Die Geschichte der ehemaligen Kolonie Deutsch-Südwestafrika, Frankfurt am Main 2001, S. 256.
[94] Der gesamte Aufruf in: Walter Nuhn, Sturm über Südwest, 4. Auflage, Bonn 1997, S 310.
[95] Horst Gründer, Geschichte der deutschen Kolonien, 2. Auflage, Paderborn 1991, S. 121.
[96] Udo Kaulich, Die Geschichte der ehemaligen Kolonie Deutsch-Südwestafrika, Frankfurt am Main 2001, S. 260.
[97] Ebd., S. 261.
[98] Ebd.
[99] Ebd., S. 263.
[100] Ebd., S. 265.
[101] Horst Gründer, Geschichte der deutschen Kolonien, 2. Auflage, Paderborn 1991, S. 122.

2.5. Deutsch-Südwestafrika nach 1907

Nach 3 Jahren Krieg hatte sich das Bild Deutsch-Südwestafrikas gewandelt. Hatten die Eingeborenen vor den Auseinandersetzungen noch einen Grad von Freiheit besessen, wurden sie nach 1907 durch Verordnungen und Beschränkungen unterdrückt.[102] Das gesamte Stammesvermögen sowie das Land wurden konfisziert. Auf Privatwerften der Siedler durften nicht mehr als 10 Arbeiter oder 10 Familien leben, die im Dienst und damit in direkter Abhängigkeit vom Grundbesitzers standen. Auch wurden an von der Kolonialregierung vorbestimmten Plätzen öffentliche Werften eingerichtet, in denen nicht mehr als 1.000 Einwohner leben durften. Der Besitz von Waffen, Land und Vieh wurde verboten. Später wurde der Besitz von Vieh nur auf Genehmigung gestattet. Ein großer Teil der schwarzen Bevölkerung befand sich in direkter Abhängigkeit von den Weißen.[103] Schwarze wurden zum Abschluss eines Arbeitsvertrages gezwungen, mussten ein Dienstbuch führen und ihnen wurde ein Pass ausgestellt. Sinn und Zweck dieser Maßnahmen war eine systematische Überwachung und Kontrolle der Eingeborenen, um zukünftig Aufstände, wie in den Jahren zuvor, zu vermeiden. Paul Rohrbach, zeitweise Ansiedlungskommissar in Deutsch-Südwestafrika, schildert und rechtfertigt diese Methoden bezeichnend in seinem 1907 erschienenen Buch "Kolonialwirtschaft".[104] So forderte er den "grundsätzlichen Ausschluß jedes Schreib-und Leseunterrichts, der zum Verständnis einer europäischen Schriftsprache führen könnte" und als Aufgabe der Kolonialregierung die Herero "zu einer einzigen farbigen Arbeiterklasse zu verschmelzen".

Trotz aller Unterdrückung bildeten sich in den öffentlichen Werften teilweise wieder alte Stammesstrukturen heraus. Von den erlittenen Menschenverlusten konnten sich die Herero in den letzten Jahren der deutschen Herrschaft kaum erholen. Gekennzeichnet war dieser Zeitraum durch einen ständigen Arbeitermangel und um die Lücken zu schließen, wurden südafrikanische Arbeiter, die sogenannten Kapboys, angeworben. Dies war auch der Grund für die am Ende des ersten Jahrzehnts einsetzenden staatlichen Fürsorgemaßnahmen zur Steigerung der Eingeborenenzahlen. Es gab unter anderem Vorschriften zur ärztlichen und sanitären Betreuung der Lohnarbeiter doch wurde die Umsetzung auf Seiten der Siedler

---

[102] Horst Gründer, Geschichte der deutschen Kolonien, 2. Auflage, Paderborn 1991, S.122.
[103] Etwa 20.000 Männer der registrierten 22.300 standen im Dienst der Europäer, bei einer geschätzten Gesamtbevölkerung von 65.000 Afrikanern, siehe: Horst Gründer, Geschichte der deutschen Kolonien, 2. Auflage, Paderborn 1991, S. 125.
[104] Ebd., S. 124.

äußerst vernachlässigt.[105] Hand in Hand mit der Vertreibung der Herero aus ihrem Land gingen die steigenden Zahlen der Einwanderer. Am Ende der deutsche Ära lebten in Deutsch-Südwestafrika etwa 15.000 Weiße, davon etwa 12.300 Reichsangehörige.[106] Gelockt wurden die Einwanderer durch die Bereitstellung bereits erschlossenen Farmlandes zu niedrigen Preisen sowie durch spezielle Ansiedlungsbeihilfen.[107] Auch Landesbeschreibungen in Zeitschriften und Magazinen sollten Interesse an den deutschen Kolonien erwecken.[108] Ab 1906 setzte ein zunehmender Politisierungsprozess ein. Die Berufsstände erhielten ein Präsentationsrecht im Gouvernementsrat. Gegenüber den deutschen Einwanderern war dies ein positiver Akt, jedoch durch die Mitsprache der Siedler bei der Verwaltung der Kolonie wurden eine Vielzahl staatlich ins Auge gefasster Maßnahmen zur Verbesserung der Lebensbedingungen der Schwarzen während der Ära des Vorsitzenden des Kolonialamtes Dernburg behindert.[109] Im Gegensatz zur Lage der Schwarzen veränderte sich die wirtschaftliche Situation in Deutsch-Südwestafrika grundlegend. Neben der Rinderwirtschaft als ehemaliges unzureichendes Standbein der Kolonie, wurde verstärkt Schafzucht (Karakulschafe) und Straußenzucht betrieben. Besonders die Straußenzucht brachte den Betreibern erhebliche Profite, waren doch die Federn dieses Tieres auf der ganzen Welt begehrt.[110] Adolf Lüderitz hatte einst in Südwestafrika Fuss gefasst in der Hoffnung, dort ausgiebige Erz-, Edelmetall-, oder Diamantenfelder zu entdecken. Sämtliche Entdeckungen erwiesen sich in den 80iger und 90iger Jahren des 19. Jahrhunderts als nicht abbauwürdig, bis ein eingeborener Bahnarbeiter namens Zacharias Lewela durch Zufall einen Diamanten fand.[111] In den darauf folgenden Wochen wurde Diamant auf Diamant aufgelesen, es reichte anfangs schon, mit offenen Augen den Sand zu betrachten. In den folgenden Jahren wurde die Diamantenförderung ständig gesteigert.[112] Durch die riesige Fördermenge gewarnt und um einen Verfall des

---

[105] Ebd., S. 125.
[106] Udo Kaulich, Die Geschichte der ehemaligen Kolonie Deutsch-Südwestafrika, Frankfurt am Main 2001, S. 350.
[107] Ebd., S. 567.
[108] So zum Beispiel in: Die Gartenlaube 26/1899, S. 436-439.
[109] Horst Gründer, Geschichte der deutschen Kolonien, 2. Auflage, Paderborn 1991, S. 125-126.
[110] Ebd., S. 126.
[111] Udo Kaulich, Die Geschichte der ehemaligen Kolonie Deutsch-Südwestafrika, Frankfurt am Main, 2001, S. 393.
[112] Im ersten Geschäftsjahr vom 01.03.1909 bis zum 28.02.1910 wurde ein Verkaufserlös von 16,7 Mio. RM erzielt, im nächsten Jahr 21,4 Mio., dann 20,9 Mio., 26,5 Mio., 29,4 Mio. und im letzten Jahr 54,0 Mio. Reichsmark, siehe auch: Udo Kaulich, Die Geschichte der ehemaligen Kolonie Deutsch-Südwestafrika, Frankfurt am Main 2001, S. 397.

Diamantenpreises durch Überproduktion vorzukommen, erließ der Reichskanzler Ende 1913 eine Verordnung die nur eine gewisse Fördermenge pro Jahr vorsah.[113] Trotzdem profitierte die Kolonialregierung Deutsch-Südwesrafrikas in erheblich Maße von den durch den Verkauf erzielten Steuereinnahmen. Insgesamt wurden während der deutschen Herrschaft 5,1 Millionen Karat Diamanten mit einem Weltmarktwert von 157,0 Millionen Reichsmark gefördert[114]

Gleiches galt für den Kupfer-und Zinnabbau. Außer den Erzlagerstätten bei Otavi und Tsumeb, hatten sich alle bisherigen Abbaustätten als nicht rentabel erwiesen. Ein forcierter Abbau wurde durch den Herero- und Namaaufstand 1904-1907 erheblich verzögert. Nach Beendigung der Kampfhandlungen wurde begonnen, diese Adern beschleunigt abzubauen und wie ergiebig die Erzvorkommen waren zeigte sich im April 1914 als in Otavi die Erzadern selbst nach einer Tiefe von 160 m noch nicht versiegten. Die Erzförderung stieg vom Geschäftsjahr 1906/07 von ca. 15.000 t auf über 70.000 t im Geschäftsjahr 1913/14. Trotz schwankender Weltmarkspreise wurden jährlich Erze mit einem Wert zwischen 5 und 8 Millionen Reichsmark exportiert.[115] Wie an der Diamantenförderung so partizipierte die Kolonialregierung auch an der Erzproduktion in erheblichem Maße. Alle diese Erfolge wären ohne den Ausbau eines durchgehenden Schienennetzes nicht möglich gewesen.[116] Trotzdem konnte sich das Schutzgebiet rein wirtschaftlich nicht selbst tragen. Steigende Reichszuschüsse waren Voraussetzung für den Aufbau einer Infrastruktur. Nach dem Jahre 1908 pendelten sich die jährlichen Zuschüsse auf einen Betrag von etwa 13 Millionen Reichsmark ein. Die 1911 einsetzende Pro-Kopf-Besteuerung brachte eine zusätzliche Einnahmequelle. Den Ausgaben der Kolonien ist aber zu entnehmen, dass der Posten fortdauernde Ausgaben einen Großteil der Fixkosten ausmachte. Ohne dauernde Zuschüsse durch das Reich, wäre die Kolonie innerhalb kürzester Zeit bankrott gegangen. Es sollte aber beachtet werden, dass ein autarker Schutzgebietshaushalt selbst unter besten Umständen, aufgrund hoher Investitionskosten bei dem Aufbau einer Infrastruktur, rein illusorisch wäre. Dieser scheinbare Aufschwung fand sein jähes Ende durch den Ausbruch des Ersten

---

[113] Ebd., S. 398.
[114] Ebd., S. 399.
[115] Udo Kaulich, Die Geschichte der ehemaligen Kolonie Deutsch-Südwestafrika, Frankfurt am Main 2001, S. 391.
[116] Swakopmund-Windhuk 1902, Lüderitzbucht-Aus1907, Lüderitzbucht-Seeheim-Keetmannshoop-Seeheim-Kalkfontein 1908, Keetmannshoop -Windhuk 1911, aus: http://www.deutsche-schutzgebiete.de/default_kolonien.htm.

Weltkrieges.[117] Am 05.08.1914 erreicht die Nachricht vom Kriegsausbruch Deutsch-Südwestafrika. Am 07.08.1914 wurde die allgemeine Mobilmachung in der Kolonie erklärt und der Belagerungszustand verhängt. Nachdem die Regierung der Südafrikanischen Union am 09.09.1914 den Kriegszustand mit Deutsch-Südwestafrika beschlossen hatte, begannen die Unionsstreitkräfte die Feindseligkeiten mit einem Überfall auf die Polizeistation Ramansdrift am 13.09.1914. Im Gegenzug besetzte die Schutztruppe die Walfischbucht am Tage darauf. Das erste Gefecht zwischen Schutztrupplern und der Armee der Südafrikanischen Union endete zu Gunsten der Deutschen. Das zur deutschen Unterstützung gebildete burische Freikorps trat am 09.10.1914 aktiv in die Kämpfe ein. Bis zum Mai 1915 kann die Armee der Südafrikanischen Union unter General Botha (65.000 Mann) große Teile Deutsch-Südwestafrikas besetzen. Im Juni und in der ersten Juliwoche leistete die Schutztruppe in Rückzugsgefechten den nachdringenden Unionstruppen hartnäckigen Widerstand, waren aber gezwungen am 09.07.1915 zu kapitulieren.[118] Durch den Versailler Vertrag vom 28.06.1919 hatte das Deutsche Reich alle seine überseeischen Kolonien verloren. Es kam zu einer Ausweisungswelle von deutschen Staatsbürgern aus der ehemaligen Kolonie Deutsch-Südwestafrika.

---

[117] Überblick über die Kampfhandlungen aus: http://www.deutsche-schutzgebiete.de/default_kolonien.htm.
[118] Horst Gründer, Geschichte der deutschen Kolonien, 2. Auflage, Paderborn 1991, S. 127.

3. RESÜMEE

Dreißig Jahre deutsche Kolonialherrschaft waren beendet. Lüderitz Traum von reichen Erz-
und Diamantenfunden wurde wahr, aber selbst konnte er keinen Profit daraus schlagen.
Obwohl sein Unternehmen bankrott ging, konnte er sich von seinen Ambitionen nicht lösen,
fand eine neue Passion in der Erkundung des südwestafrikanischen Landes und bezahlte dies
wohl am 24.10.1886 mit seinem Leben als er mit seinem Begleiter bei einer Forschungsreise
in der Mündung des Oranjeflusses ertrank.[119]
Auch das Streben des Deutschen Reiches zahlte sich nicht aus. Obwohl es in den letzten zwei
Jahrzehnten des 19. Jahrhunderts gelang, Territorien[120] in Afrika, im Pazifischen Ozean und in
China zu erwerben, blieben sämtliche Gebiete rein finanziell ein Verlustgeschäft. Die
Behauptung der Kolonialpropagandisten des 19. Jahrhunderts, dass die Kolonisierung vor
dem Hintergrund des beginnenden Weltmachtstrebens zur "Daseinsfrage" (Heinrich von
Treitschke) werde, bewahrheitete sich nicht.[121] So betrug der Anteil der wichtigsten
überseeischen Produkte aus den Deutschen Kolonien 1913 gerade einmal 1,6 % der
Gesamteinfuhren. Gleichzeitig konnte aber ein großer Teil der Firmen und deren Anleger in
der Blütezeit Deutsch-Südwestafrikas an den Gewinnen durch Erz- und Diamantenförderung
gewaltig partizipieren.[122] So konnte die Deutsche Kolonialgesellschaft für Südwestafrika für
das Jahr 1909 ihren Anteilseignern 64 % Dividende auszahlen und der Aktienkurs der
Anteilsscheine verzwanzigfachte sich. Die Otavi Minen- und Eisenbahngesellschaft zahlte in
dem Zeitraum zwischen ihrer Gründung und 1914 jährlich bis zu 45 % Dividende. Im
Diamantengeschäft am erfolgreichsten war die Pomona-Diamanten-Gesellschaft: 1912 zahlte
sie 40 % Dividende und ein Jahr später sogar 175 %.
Ein weiteres Argument der Kolonialpropagandisten war der Export der sozialen Frage und
damit die Gründung von Siedlungskolonien in Übersee. Anhand der Geschichte Deutsch-
Südwestafrikas zeigte es sich, dass es erstklassiger Fachleute und gelernter Kräfte bedurfte,
um die Wirtschaft in der Kolonie anzukurbeln und keiner überflüssigen, unfähigen
Auswanderermassen. Wie bereits erwähnt[123] herrschte in Deutsch-Südwestafrika, im

---

[119] Horst Gründer, Geschichte der deutschen Kolonien, 2. Auflage, Paderborn 1991, S. 81.
[120] Es waren dies neben Deutsch-Südwestafrika 1884, Deutsch-Ostafrika (Tansania) 1885/90, Kamerun 1884,
Togo 1884, Karolinen, Marianen, Palau, Ostsamoa 1899, Kiautschou 1897, aus: Manfred Scheuch, Historischer
Atlas Deutschland-Vom Frankenreich bis zur Wiedervereinigung, Augsburg 2000, S. 92-93.
[121] Horst Gründer, Geschichte der deutschen Kolonien, 2. Auflage, Paderborn 1991, S. 39.
[122] Folgende Zahlen aus: Helmut Stoecker (Hrsg.), Drang nach Afrika, 2. Auflage, Berlin 1991, S. 129-131.
[123] Siehe Abschnitt 2.3. Zwischen Flaggenhissung und Hereroaufstand.

33

Gegensatz zu allen anderen deutschen Kolonien, ein trockenes, gesundes Höhenklima, Südwestafrika war fast frei von Tropenkrankheiten, aber das kare, wasserarme Land setzte der Einwanderung Grenzen. Das Deutsch-Südwestafrika ideal für Rinderwirtschaft war, bestätigte sogar die englische Presse. So schrieb die "South Africa News" in ihrer Ausgabe vom 31.05.1904 das Deutsch-Südwestafrika "von ganz Südafrika die besten Weidegründe" habe.[124] Folglich wurde Weidewirtschaft der Haupterwerbszweig der meisten Einwanderer. Von einer wahren Siedlungskolonie kann aber nicht gesprochen werden. Die Vorstellung der Ansiedlung hunderttausender überflüssiger Arbeitskräfte in den Kolonien war und blieb utopisch. Trotzdem wurde Deutsch-Südwestafrika zur Heimat vieler Deutscher, die dieses Land ebenso liebten wie Deutschland und denen ihre Ausweisung aus der Kolonie 1918 ebenso viele Schmerzen bereitete, wie den Vertriebenen und Flüchtlingen beider Weltkriege in Europa. Reiths in der Einleitung zitierte Aussage kann somit durchaus zugestimmt werden. Zusammenfassend waren es am Ende nicht die einstigen Gründe, die die Regierung veranlassten die Kolonie zu behaupten, sondern das Prestige eine Kolonialmacht zu sein. Allein der Besitz großer überseeischer Gebiete rechtfertigte den eigenen Standpunkt, dem Reigen der Weltmächte anzugehören.

Bei der Betrachtung der Geschehnisse in Deutsch-Südwestafrika fällt die Behandlung der einheimischen Bevölkerung negativ auf. Wie ein roter Faden zieht sich die Mißachtung der Sitten und Gebräuche der Schwarzen von Seiten der Deutschen durch die Kolonialzeit, beginnend mit Vertagsbrüchen über Bevormundung bis hin zur totalen Entrechtung. Die deutsche Kolonialzeit in Deutsch-Südwestafrka ist kein Ruhmesblatt deutscher Geschichte. Es gab keine treuen Askaris wie in der Geschichte Deutsch-Ostafrikas und auch keine Mitwirkung Schwarzer wie in Togo.[125] Mitschuld war die Unkenntnis der Sitten und der Kultur der Einheimischen, vieles wurde aber auch absichtlich zerstört. Besonders zu Tage tritt dieser Umstand bei dem Reformwerk Theodor Leutweins.[126] Die Rheinische Missionsgesellschaft machte ihn auf das Landproblem der Herero aufmerksam, folglich wollte Leutwein durch die Einrichtung von Reservaten ihren Besitz festschreiben. Ebenso sah er das Händlerunwesen, das die Herero um ihren wertvollsten Besitz brachte. Über seinen Kopf hinweg wurden durch den Einfluss der Siedler- und Kolonialvereine Beschlüsse gefasst, die nichts anderers waren, als schlechte Kompromisse zwischen dem Ansinnen Leutweins

---

[124] Walter Nuhn, Sturm über Südwest, 4. Auflage, Bonn 1997, S. 33.
[125] Siehe: Hundert Jahre Afrika und die Deutschen, Wolfgang Höpker (Hrsg.), Pfullingen 1984, S. 43.
[126] Siehe hierzu auch: Walter Nuhn, Sturm über Südwest, 4. Auflage, Bonn 1997, S. 40-43.

und den Forderungen der Siedler und Industriellen. Als dann kam was kommen musste, versuchte Leutwein mit aller Kraft ausgleichend zu wirken, wurde von Berlin behindert, verlor das Vertrauen der Reichsregierung und seinen Posten als Kommandeur der Schutztruppen, wurde durch General von Trotha ersetzt und sah dann mit an, wie das, was er als den kostbarsten Besitz einer Kolonialmacht ansah, nämlich die Menschen der Kolonie, elendig verdurstete. Resigniert verließ er darauf die Kolonie. In einigen Werken wird der Hereroaufstand als direktes Resultat des sogenannten "System Leutwein" dargestellt, doch sollte beachtet werden, dass es ihm trotz kleinerer Aufstände seit seiner Regierungsübernahme gelang, einen Großteil der Stämme an das Deutsche Reich zu binden. Am besten zeigt sich dies dadurch, dass es Samuel Maharero nicht möglich war, seinen Aufstand auf das ganze Land und auf alle Eingeborenenstämme Deutsch-Südwestafrikas auszuweiten. Grund dafür war die Politik Leutweins, die ihren Schwerpunkt auf die Wahrung von Ordnung und Frieden legte. Das "System Leutwein" fußte auf dem reinen Effizienzgedanken.[127] So sollten sich die Stämme durch die Beibehaltung althergebrachter Traditionen langsam an die deutsche Herrschaft gewöhnen, und Leutwein strebte auf der Basis allgemeinen Landfriedens und Rechtssicherheit eine moderne europäische Privatwirtschaft an. Häuptlinge wurden im Namen des Kaisers beauftragt, in ihrem Gebiet, für Ruhe und Ordnung zu sorgen und erhielten als Lohn eine jährliche Rente. Heerfolge war das äußere Zeichen für Loyalität. Die Aufstände zwischen 1904 und 1907 sind daher nicht dem Wirken Leutweins zuzuschreiben. Das "System Leutwein" scheiterte nicht, denn es wäre durchaus denkbar, dass Leutwein nach der Niederschlagung der Aufstände seine Tätigkeit hätte in der Kolonie fortführen können. Doch Leutwein kehrte nicht nach Deutsch-Südwestafrika zurück und auch von seiten Berlins trat man vor einer Reaktivierung des ehemaligen Gouverneur zurück. Leutweins Wirken in Deutsch-Südwestafrika wurde durch das Unverständnis der Siedler und Händler für seiner gemäßigten Politik behindert. Die Ereignisse offenbaren nur zu deutlich, welch schlechten Einfluss Lobbyisten auf eine gemäßigte Politik haben können. Es fehlte ihnen das Verständnis und die Toleranz für die eingeborene Bevölkerung und ihre Traditionen. Der Krieg kam und mit ihm tausendfacher Tod, unentliches Leid und Schmerz.

Die von Bismarck vorausgeahnte Konkurrenz zu Großbritannien und der Verfall seines Bündnissystems nach seiner Entlassung 1890 waren unmittelbare Resultate der aggressiven Wirtschafts-, Flottenbau- und Kolonialpolitik Kaiser Wilhelms II und hatte letztlich den

---

[127] Horst Gründer, Geschichte der deutschen Kolonien, 2. Auflage, Paderborn 1991, S. 113.

Ersten Weltkrieg zur Folge. Die alten Mächte sahen in dem jungen, starken, aufstrebenden Deutschland eine ernste Gefahr. Togo, Kamerun, Kiatschaou und Deutsch-Südwestafrika sowie die Südseeschutzgebiete fielen binnen eines Jahres an die Alliierten, die Schutztruppe Deutsch-Ostafrikas hielt bis zum Ende des Ersten Weltkrieges den zahlreichen Feinden stand. Die möglichen Kriegsziele im Falle eines deutschen Sieges, wie von dem Kolonialstaatssekretär Solf oder dem Präsidenten der Deutschen Kolonialgesellschaft

Herzog Johann Albrecht zu Mecklenburg 1914 ersonnen, blieben illusorisch.[128] Im Versailler Vertag wurden Deutschland sämtliche Kolonien abgesprochen. Gegen den Verlust der Kolonien stimmte die deutsche Nationalversammlung bereits am 01.03.1919 mit 414 zu 7 Stimmen ab und erhoben scharfen Protest. Es wurde von ihnen die "Wiedereinsetzung Deutschlands in seine kolonialen Rechte" gefordert.[129] Die Alliierten erhoben den Vorwurf, Deutschland habe auf dem Gebiet der kolonialen Zivilisation versagt und hätten dies "zu deutlich klargestellt" als das man die "dreizehn bis vierzehn Millionen Eingeborenen von neuem einem Schicksal überlassen" könne, "von dem sie durch den Krieg befreit worden" seien.[130] Neben dem "Schanddiktat von Versaille" gab dieser moralische Vorwurf, der später in Deutschland als "koloniale Schuldlüge" bezeichnet wurde, der Propaganda der Kolonialverfechter neue Nahrung.[131] Als Folge der Unterzeichnung des Versailler Vertrages am 28.06.1919 wurde als erstes 1920 das Reichskolonialamt aufgelöst und deren Befugnisse auf die Koloniale Zentralverwaltung im Reichsministerium für Wiederaufbau übertragen. Die Kolonialvereine blieben bestehen und waren mit Parolen wie "Nicht vergessen, sondern stets daran denken" oder "was deutsch war, muß wieder deutsch werden" in der Öffentlichkeit propagandistisch tätig.[132] Während der größte Teil der deutschen Bevölkerung in den Wirren der ersten Jahre der Weimarer Republik mit den alltäglichen Problemen zu kämpfen hatte, war die Politik bestrebt, die Erinnerung an Deutschlands einstiger Größe wachzuhalten.[133]

---

[128] Solfs Mittelafrikaprogramm umfasste Angola, Belgisch Kongo, Sengambien, Äquatorialafrika bis zum Tschadsee und die Nordhälfte von Mosambik. Das Programm Johann Albrechts zu Mecklenburg sah ein geschlossenes deutsches Afrika vor. aus: Horst Gründer, Geschichte der deutschen Kolonien, 2. Auflage, Paderborn 1991, S. 213-214.
[129] Ebd., S. 216.
[130] Ebd., S. 217.
[131] Ebd., S. 217.
[132] Ebd., S. 218.
[133] Erlasse zur "Pflege des kolonialen Gedankens" an Schulen z.B am 25.10.1919 vom SPD-Kultusminister Haenisch, aus: Horst Gründer, Geschichte der deutschen Kolonien, 2. Auflage, Paderborn 1991, S. 218.

36

Aber auch in den alltäglichen politischen Geschäften taten die ehemaligen Kolonien mehr und mehr in den Hintergrund. Zwar gab es in fast allen Parteien kolonialfreundlich gesonnene Mitglieder und im Mai 1925 wurde eine "Interfraktionelle Koloniale Vereinigung" geschaffen, doch stand die Mehrheit der Abgeordneten Kolonialpolitik ablehnend gegenüber. Die Kolonien kamen höchstens noch bei den Debatten über den Locarno-Vertrag oder beim Beitritt zum Völkerbund zur Sprache. Enttäuscht wandte sich die hauptsächlich von Militärs und Wirtschaftsgrößen getragene Kolonialbewegung den Nationalsozialisten zu. Jedoch war diese Zuwendung weder von rassischen Gesichtspunkten noch von dem Glauben an eine deutsche Kulturmission getragen. Diese Kreise strebten grundsetzlich eine außenpolitische Restauration in den Grenzen des Kaiserreiches an. Doch auch die Einstellung der NSDAP zu Kolonien war verworren. So zeigte der bereits Anfang der dreißiger Jahre eliminierte sozialistische Flügel unter den Gebrüdern Strasser große Abneigung gegen Kolonialpolitik, während Alfred Rosenberg 1922 in einem Aufsatz über "Wesen, Grundsätze und Ziele der NSDAP" das Parteiprogramm von 1920 dahingehend deutete, dass damit "sowohl die Forderung nach europäisch-kontinentaler als auch nach überseeisch-kolonialer Expansion" gemeint sei.[134] Der spätere Reichsbauernminister Walter Darre bezeichnete Kolonialpolitik als "rassegefährdende Allerweltspolitik". Für Adolf Hitler schließlich stand seit Anbeginn eine deutsche Expansion nach Osten im Vordergrund und erst nach Vollendung dieses Ziels währe eine spätere Ausweitung durch Kolonien denkbar. Bis März 1935 enthielt sich Hitler aller kolonialer Expansionsvorstellungen, um jeglicher Konfrontation mit Großbritannien aus dem Wege zu gehen. Im weiteren Verlauf stellte er vereinzelt koloniale Forderungen um auf diplomatischen Wege andere Ziele zu verwirklichen, präzisierte sie aber nie.[135] Während der Jahre 1935 und 1936 wurden dann alle Kolonialvereine im Kolonialbund gleichgeschaltet. Im Jahre 1941 umfasste der Kolonialbund 2,1 Millionen Mitglieder.[136]
Nach den Blitzsiegen der Jahre 1939 und 1940 hoffte Hitler auf eine Teilung der Welt durch einen Frieden mit Großbritannien. Als Äquivalent zur deutschen Hegemonie über den Kontinent und dem Besitz einiger Kolonien sollte Großbritannien die Seeherrschaft behalten. Diese Idee zerschlug sich durch Großbritanniens Durchhaltewillen und erfror in den Weiten des sowjetrussischen Raumes. Der Reichskolonialbund wurde bis zum 15.02.1943 stillgelegt.

---

[134] Horst Gründer, Geschichte der deutschen Kolonien, 2. Auflage, Paderborn 1991, S. 226.
[135] Ebd., S. 228.
[136] Ebd., S. 228.

Der Traum von einem neuen deutschen Kolonialreich war ausgeträumt. Deutsch-Südwestafrika, das heutige Namibia, hatte noch lange unter Bevormundung zu leiden. Im Jahre 1990 erlangte es seine endgültige Unabhängigkeit. Die deutsche Politik in der Gegenwart ist sich seiner geschichtlichen Verantwortung bewusst. Humanitäre Hilfe und Wirtschaftshilfe sind kein Teil der Wiedergutmachung, es ist eine tief entpfundene Verpflichtung der Menschlichkeit.[137]

Was ist von der deutschen Herrschaft in Deutsch-Südwestafrika geblieben? Neben eingefallenen Siedlungen und Telegraphenstationen offenbar auch, Kirchen, Straßen, deutsche Straßenschilder, Eisenbahnlinien und Wohnhäuser, im langläufigen Sinne also das, was als Infrastruktur bezeichnet wird. Im Verborgenen aber auch alte farbige Männer und Frauen mit deutschem Vater und die Erinnerung an den Freiheitskampf des Samuel Maharero und Hendrik Witbooi.

---

[137] Siehe dazu Zeitungsartikel im Anhang, Texte und Tabellen, Text 5.

ANHANG

TEXTE

Text 1

"Am 18. Juli 1894, nach einer Fahrt von mehr als vier Wochen, traf die "Lulu Bohlen" vor Swakopmund ein. Es war am Nachmittag. Die Reiter sahen hinüber nach dem Lande Südwest und suchten die Stadt Swakopmund. Aber so sehr sie auch ihre Augen anstrengten, keiner konnte sie entdecken. In der heißen Sonne, die flimmernd über dem Lande lag, dehnte sich unabsehbar eine weite, gelbrötliche Sandfläche, die langsam von der Küste anstieg. Da waren weder Baum noch Stauch, weder Palmen noch Wälder; es war alles nackt und kahl. Die Soldaten ließen die Köpfe hängen und wurden still... Das sollte ihr Afrika sein; Wie hatten sie sich das so anders vorgestellt! Was sie vor Augen sahen, war eine unwirtliche, namenlose Öde. Ein feindsehlig fremdes Land, auf das die Sonne sengend niederbrannte. Nichts als leuchtend gelber Sand, hier und da gewellt, nach Süden hin zu immer höheren Dünen anwachsend. Nackte und sandüberwehte Felsblöcke. Alles tot. Aus dem langen Silberband der tosenden Brandung ragten schwarze Riffe heraus..."

Text 2

"Ich stand auf, es war gegen halb vier Uhr (nachmittags) ... Ich deckte den Kaffeetisch und nahm dann eine Handarbeit ... Draußen unter dem großen Baum beim Kraal war es lebendig. Da lagen viele Herero, auch Ludwig ... Ein Blick ins Schlafzimmer zeigte mir, daß mein Mann noch fest schlief ... Da nahten einige Leute. Ach, es war nur Perenna mit zwei oder drei Herero. Er stellte sich breit in die Tür und sagte- ruhig wie sonst- ich blickte kaum auf: >Mister iripi< (Wo ist der Herr?). Den Kopf neigend, erwiderte ich: >Mister rara, kurama< (Er schläft, warte!). >Etjo<, sagte Perenna sehr gedehnt, und sich mit einer Handbewegung nach hinten umwendend, machte er Ludwig und Kamujenju (Judas) Platz, die schnell hereintraten und im Augenblick hinter der Portiere verschwanden, die ins Schlafzimmer führte.

Das war doch stark, meinen Mann wecken zu wollen, und ich rief: >Was fällt euch ein, kommt sofort zurück!< und das wiederholend, sprang ich auf. Da stürzte Perenna auf mich zu , hielt mich fest, riß die Gewehre von der Wand und gab sie einem der vielen, die plötzlich im Zimmer standen. Laut rief ich den Namen meines Mannes.

Da- drei dumpfe, furchtbare Schläge dröhnten aus dem Schlafzimmer- ein kurzes Gemurmel- ich taumelte- Perenna ließ mich frei. Auf die Portiere zustürzend, sah ich Ludwig. Er hielt einen schweren Steinhammer in der Hand, seine Gesichtszüge waren furchtbar entstellt und,

39

>Otjurumbu backoka< (Der Weiße ist tot!) schreiend, stürzte er aus dem Hause."

Text 3

"Hereros! Nachdem Ihr Euch gegen Euren Schutzherrn, den deutschen Kaiser, empört und auf seine Soldaten geschossen habt, so wißt Ihr, daß Ihr nichts anderes zu erwarten habt als den Kampf bis zum Tode. Vorher kann ich mit dem Kriege nicht aufhören. Aber Ihr könnt vorher aufhören, indem Ihr zu mir herüberkommt, Gewehre und munition abgebt und die über Euch verhängte Strafe erwartet.

Mir ist aber wohlbekannt, daß viele von Euch an allen bösen Sachen, die geschehen sind, keine Schuld tragen. Und diese können ruhig zu mir kommen; ihnen wird das Leben geschenkt. Keine Gnade aber kann ich denjenigen geben, die weiße Leute ermordet und deren Wohnsitze ausgeraubt haben. Diese werden vor Gericht gestellt und müssen empfangen, was ihre Schuld wert ist. Ihr anderen aber, die Ihr solche Schuld nicht auf Euch geladen habt, seid klug und verbindet Eurer Schicksal nicht weiter mit den Schuldigen. Verlaßt sie und rettet Euer Leben! Das sage ich Euch als Vertreter Eures obersten Herren, des deutschen Kaisers.

Okahandja, 30. Mai 1904
(gez. Leutwein)"

Text 4

"Osombo-Windimbe, 2. Oktober 1904. Ich der große General der deutschen Soldaten sende diesen Brief an das Volk der Herero: Die Hereros sind nicht mehr deutsche Untertanen. Sie haben gemordet, gestohlen, haben verwundeten Soldaten Ohren und Nasen und andere Körperteile abgeschnitten, und wollen jetzt aus Feigheit nicht mehr kämpfen.

Ich sage dem Volk: Jeder, der einen der Kapitäne an einer meiner Stationen als Gefangenen abliefert, erhält 1000 Mark, wer Samuel Maharero bringt, erhält 5000 Mark. Das Volk der Herero muß jedoch das Land verlassen. Wenn das Volk dies nicht tut, so werde ich es mit dem Groot-Rohr dazu zwingen. Innerhalb der deutschen Grenzen wird jeder Herero mit oder ohne Gewehr, mit oder ohne Vieh erschossen, ich nehme keine Weiber oder Kinder mehr auf, treibe sie zu ihrem Volk zurück, oder lasse auf sie schießen. Dies sind meine Worte an das Volk der Herero. Der große General des mächtigen Käisers, von Trotha."

Ergänzung von Trothas in einer Ansprache zu seinen Offizieren·

"Dieser Erlaß ist bei den Appells der Truppe mitzuteilen, mit dem Hinzufügen, daß auch der Truppe, die einem Kapitän fängt, die entsprechende Belohnung zuteil wird, und das Schießen auf Weiber und Kinder so zu verstehen ist, daß über sie hinweggeschossen wird, um sie zum

Laufen zu zwingen. Ich nehme mit Bestimmtheit an, daß dieser Erlaß dazu führen wird, keine männlichen Gefangenen mehr zu machen, aber nicht zu Greultaten gegen Weiber und Kinder ausartet. Diese werden schon fortlaufen, wenn zweimal über sie hinweggeschossen wird. Die Truppe wird sich des guten Rufes der deutschen Soldaten bewußt bleiben."

Text 5

Fischer gesteht deutsche Schuld in Afrika ein
"Tiefer Schmerz über Ausbeutung durch den Kolonialismus" - In Durban kaum Reaktionen auf die Rede
Von Thomas Knemeyer

Durban - Konfliktvermittlungen in Sachen Nahost sind schon schwer genug für einen deutschen Außenminister; die Vergangenheitsbewältigung ist kaum leichter. Da hat Joschka Fischer vor der Weltkonferenz gegen Rassismus in Durban die Schuld für das von Deutschland begangene Unrecht während der wilhelminischen Kolonialära in Afrika eingestanden - und niemand scheint es bemerkt zu haben.
Zwar zitierte eine Nachrichtenagentur bereits am Samstag ungenannte Konferenzteilnehmer mit den anerkennenden Worten, es habe sich um "eine der deutlichsten Demutsbezeugungen an die betroffenen Staaten, die es bislang gegeben hat" gehandelt, aber die Delegation der wichtigsten dieser Staaten - Namibia, das frühere Deutsch-Südwestafrika - wusste bis gestern nachmittag nichts von der Rede Fischers. Auf Anfrage der WELT antwortete der namibische Delegationsleiter: "Wir wissen nichts von dieser Rede, wir haben sie nicht gesehen." Auch afrikanischen Journalisten war nichts bekannt.
Als erster hoher Politiker Deutschlands hatte Fischer sein tiefes Bedauern zu dem Vorgehen deutscher Siedler und Schutztruppen in Ländern wie Namibia, Togo und Burundi ausgedrückt. Der Schmerz über die Ausbeutung durch den Kolonialismus reiche bis heute noch tief, sagte er, aber das Unrecht lasse sich nicht ungeschehen machen. "Aber Schuld anzuerkennen, Verantwortung zu übernehmen und sich seiner historischen Verpflichtung zu stellen, kann den Opfern und ihren Nachkommen zumindest die ihnen geraubte Würde zurückgeben. Ich möchte dies deshalb hier und heute für die Bundesrepublik Deutschland tun", erklärte er.
England, Frankreich, Belgien und Portugal besaßen wesentlich größere Kolonien in Afrika, und über einen erheblich längeren Zeitraum als die 30 reichsdeutschen Jahre zwischen 1884 und 1918. Aus diesen Ländern, besonders aus London, kommt daher die Warnung vor einer echten "Entschuldigung", die Rechtsgrundlage für Entschädigungsklagen werden könnte. Das fordern im Falle Deutschlands besonders die Vertreter des Herero-Volkes Namibias, an deren Vorfahren der deutsche Hauptmann von Trotha 1904 ein blutiges Massaker verüben ließ.
Altbundespräsident Herzog hatte bei einem Besuch in Namibia Reparationen zwar mit der Begründung ausgeschlossen, solche könnten gesetzlich nur dann gefordert werden, wenn direkt betroffene Opfer noch am Leben seien. Aber nicht nur die Herero, die in Durban nicht vertreten sind, sondern auch mehrere afrikanische Staatsoberhäupter und auch der kubanische Präsident Fidel Castro beharren weiterhin auf Reparationszahlungen, besonders für die Übel der Sklaverei.
Fischer hingegen will die künftige materielle Zusammenarbeit mit den Entwicklungsländern intensivieren, die Schulden schneller als bisher erlassen, und der auch in Durban wiederholten Forderung nach einer größeren Öffnung des europäischen Marktes nachkommen.
In der aufgeheizten Debatte über die Forderungen an Industrieländer, afrikanische Staaten für die Ausbeutung durch Sklaverei und Kolonialismus zu entschädigen, schlagen Afrikas Staatschefs allerdings zunehmend moderate Töne an. Von Entschädigung für Sklaverei will etwa Olusegun Obasanjo nichts wissen. Wenn Afro-Amerikaner in den USA Wiedergutmachungen verlangten, habe dies nichts mit der afrikanischen Mentalität gemein, sagte der nigerianische Präsident auf der UN-Rassismus-Konferenz in Durban. Sich für erlittene Ungerechtigkeiten der Vergangenheit auszahlen zu lassen, käme geradezu einer Entwürdigung des Schwarzen Kontinents gleich, erklärte der Nigerianer.
Unterdessen wird nicht mehr ausgeschlossen, dass auch diese dritte UN-Rassismuskonferenz an einer gemeinsamen Schlusserklärung scheitern könnte. Ein erfahrener europäischer Diplomat will zwar seinen "gedämpften Optimismus" behalten, dass die "Vernunft siegt". Durban müsse eine auf die Zukunft gerichtete Konferenz sein, bei der sich die Staaten auf möglichst konkrete Maßnahmen zur Eindämmung des überall noch bestehenden Phänomens der Intoleranz einigen, sagte Albert Rohan, der Generalsekretär für auswärtige Angelegenheiten in Österreich. Wichtig sei allein, dass am Ende bei Millionen von Menschen das Bewusstsein gegenüber dem Rassismus und der Fremdenfeindlichkeit gestärkt werde.

42

Text 6

Schutzvertrag vom 28. Oktober 1884
Bethanien, den 28. Oktober 1884.
Schutz- und Freundschaftsvertrag zwischen dem Deutschen Reiche und Bethanien.
Seine Majestät, der Deutsche Kaiser, König von Preußen usw. Wilhelm 1. im Namen des Deutschen Reiches
einerseits
und
der unabhängige Beherrscher von Bethanien im Großnamaqualand, Kapitän Josef Fredericks für sich und seine
Rechtsnachfolger,
andererseits
von dem Wunsche geleitet, ihre freundschaftlichen Beziehungen und gegenseitigen Interessen möglichst zu
fördern und zu befestigen,
haben beschlossen, einen Schutz- und Freundschaftsvertrag abzuschließen. Zu diesem Zwecke ist der Kaiserlich
deutsche Generalkonsul
Dr. G. Nachtigal, von Seiner Majestät dem Deutschen Kaiserin guter und gehöriger Form bevollmächtigt, mit
dem Kapitän Josef Fredericks
und dessen Ratsversammlung über nachstehende Artikel übereingekommen:
Artikel 1
Der Kapitän Josef Fredericks von Bethanien bittet Seine Majestät den Deutschen Kaiser, über das von ihm
beherrschte Gebiet die
Schutzherrlichkeit übernehmen zu wollen. Seine Majestät der Deutsche Kaiser genehmigt diesen Antrag und
sichert dem Kapitän Seinen
Allerhöchsten Schutz zu. Als äußeres Zeichen dieses Schutzverhältnisses wird die deutsche Flagge gehißt.
Artikel 2
Der Kapitän Josef Fredericks verpflichtet sich, sein Land oder Teile desselben nicht an irgendeine andere Nation
oder Angehörige einer
solchen ohne Zustimmung Seiner Majestät des Deutschen Kaisers abzutreten, noch Verträge mit anderen
Regierungen abzuschließen,
ohne jene Zustimmung.
Artikel 3
Seine Majestät der Deutsche Kaiser will die von anderen Nationen oder deren Angehörigen mit den
Beherrschern von Bethanien früher
abgeschlossenen und zu Recht bestehenden Handelsverträge und Kontrakte respektieren und den Kapitän weder
in der Erhebung der
ihm nach den Gesetzen und Gebräuchen des Landes zustehenden Einnahmen, noch in der Ausführung der
Gerichtsbarkeit über seine
Untertanen beeinträchtigen.
Artikel 4.
Der Kapitän hat durch Kaufverträge vom 1. Mai und 25. August 1883 das zwischen dem 26. Grad südlicher
Breite und dem Oranjeflusse
gelegene und sich zwanzig Meilen landeinwärts erstreckende Küstengebiet seines Landes dem deutschen
Reichsangehörigen F. A. E.
Lüderitz in Bremen mit allen darauf haftenden Rechten abgetreten.
Artikel 5.
Seine Majestät der Deutsche Kaiser anerkennt diese Landesabtretung, unterstellt das betreffende Gebiet dem
Schutz des Deutschen
Reiches und übernimmt die Oberhoheit über dasselbe.
Artikel 13.
Der gegenwärtige Vertrag wird vom Tage der Unterzeichnung ab in Kraft und Gültigkeit treten, vorbehaltlich
dessen, daß derselbe wieder
ungültig wird, falls die Ratifikation desselben seitens der deutschen Regierung innerhalb der Frist von achtzehn
Monaten, vom Tage der
Unterzeichnung ab, nicht erfolgt sein sollte.
Der vorstehende Vertrag ist im Hause des Kapitäns Josef Fredericks in doppelter Ausfertigung von dem
Bevollmächtigten Seiner Majestät
des Deutschen Kaisers sowie von dem Kapitän und seinen Ratsherren und den nachstehenden Zeugen am
achtundzwanzigsten Oktober
des Jahres achtzehnhundertvierundachtzig unterzeichnet worden, wie folgt:

gez. Dr. G. Nachtigal
Kaiserlicher Generalkonsul u. Kommissär für die Westküste von Afrika.

gez. Graf Spee,
Unterleutnant zur See.

gez. Heinrich Vogelsang,
Vertreter von F. A. E. Lüderitz.

gez. L.H.Bam,
zugleich als Dolmetscher für die holländische Sprache.

gez. 1. Christian Goliath,
zugleich als Dolmetscher für die Namaquasprache.

gez. Josef Fredericks,
+ Handzeichen des Kapitäns.

Text 7

Der Krieg ist von ganz kleinen Dingen gekommen, und hätte nicht kommen brauchen. Einmal waren es die "Stuurmann" mit ihrem schrecklichen Wucher und eigenmächtigen, gewaltsamen Eintreiben. Für 1 Schilling Schuld wollten sie nach Jahresfrist 5 Schilling und für 1 Pfund nach 12 Monaten 5 Pfund Zinsen haben, und wer nicht zahlen wollte oder konnte, den verfolgten und plagten sie. Dann ist es der Branntwein gewesen, der die Leute schlecht und gewissenlos gemacht hat. Wenn jemand trinkt, dann ist es ihm gleich, was er tut. Aber das schlimmste Übel ist, was viel böses Blut und Streithervorgerufen hat, die Vergewaltigung unserer Frauen durch Weiße. Manche Männer sind totgeschossen wie Hunde, wenn sie sich weigerten, ihre Frauen und Töchter preiszugeben und drohten, sie mit der Waffe in der Hand zu verteidigen. Wären solche Dinge nicht geschehen, wäre kein Krieg gekommen, doch er ist bei solchen Vergewaltigungen ausgebrochen. Er war mit einem Male da, und da war kein Halten mehr, jeder rächte sich, und es war, als sei kein Verstand mehr unter den Massen.

44

TABELLEN

Tabelle 1

Die Reichskommissare und Gouverneure des Schutzgebietes Deutsch-Südwestafrika

Amtszeit	Name	Lebensdaten
5/1885 - 8/1890	Dr. Heinrich Ernst Göring, Reichskommissar, späterer Landeshauptmann	1839 - 1913
8/1890 - 3/1891	Louis Nels (stellvertretend)	1855 - 1910
3/1891 - 15.03.1894	Hauptmann Curt von François, späterer Landeshauptmann	1852 - 1931
15.03.1894 - 19.08.1905	Major Theodor von Leutwein, Landeshauptmann, ab 1898 Gouverneur	1849 - 1921
19.08.1905 - 11/1905	Lothar von Trotha (stellvertretend)	1848 - 1920
11/1905 - 20.05.1907	Friedrich von Lindequist, Gouverneur	1862 - 1945
20.05.1907 - 20.06.1910	Bruno von Schuckmann, Gouverneur	1857 - 1919
28.08.1910 - 09.07.1915	Dr. Theodor Seitz, Gouverneur	1863 - 1949

Tabelle 2

Kommandeure der Schutztruppe

Dienstzeit	Name
1894 - 1895	Curt von Francois
1897 - 1904	Theodor Gotthilf Leutwein
1904 - 1906	Lothar von Trotha
1906 - 1907	von Deimling
1907 - 1911	von Estorff
1912 - 1914	von Heydebreck
1914 - 1915	Victor Franke

45

LITERATURVERZEICHNIS

1. Peter Bachmann; Kurt Zeisler, Der deutsche Militarismus, Berlin 1971.

2. Gartenlaube, 26/1899, S. 436-439.

3. Horst Gründer, Geschichte der deutschen Kolonien, 2. Auflage, Paderborn 1991.

4. John Haywood, Historischer Weltatlas, deutsche aktualisierte Ausgabe,Gütersloh-München 2002.

5. Hein, Das kleine Buch vom Deutschen Heere, Reprint von 1901, Augsburg 1998.

6. Hundert Jahre Afrika und die Deutschen, Wolfgang Höpker (Hrsg.), Pfullingen 1984.

7. Udo Kaulich, Die Geschichte der ehemaligen Kolonie Deutsch-Südwestafrika, Frankfurt am Main 2001.

8. Walter Nuhn, Sturm über Südwest, 4. Auflage, Bonn 1997.

9. Jürgen Petschull; Thomas Höpker; Rolf Gillhausen, Der Wahn vom Weltreich, Hamburg 1984

10. Drang nach Afrika, Helmut Stoecker (Hrsg.), 2. Auflage, Berlin 1991.

11. Manfred Scheuch, Historischer Atlas Deutschland- Vom Frankenreich bis zur Wiedervereinigung, Augsburg 2000.